ニュートンと万有引力

P・M・ラッタンシ　　原田佐和子／訳

玉川大学出版部

Picture Credits

The author and publisher wish to thank all those who have given permission for their illustrations to appear on the following pages: Grantham Public Library: 12, 14, 15, 16, 19, 22, 59, 61, 89, 95, 97, 99, 108, 119, 121; Mary Evans Picture Library: 112, 113, 118; Punch: 106; Radio Times Hulton Picture Library: 116; Ronan Picture Library: 45, 60, 64, 69, 70, 72, 79, 81, 82, 84, 88, 95, 103, 114, 118; The Science Museum: 67, 75, 76, 117; C. V. Wroth: 17, 52, 58, 60, 81, 82, 83, 115, 122. The remaining pictures belong to the Wayland Picture Library.

はじめに

原田佐和子

「ニュートンってどんな人？」と聞けば、「リンゴが落ちるのを見て万有引力《ばんゆういんりょく》を思いついた人！」という答えが返ってくるほど、このエピソードは有名です。1665年、ロンドンでペストという病気が大流行したときにまだ大学生だったニュートンは、2年間、ふるさとのウールスソープへ避難《ひなん》しました。そのとき、家のまえにあるリンゴの木から実が落ちるのを見て「なぜ、下にむかって落ちるのだろう」と疑問《ぎもん》に思ったのが、のちに万有引《ばんゆういん》力《りょく》を発見するきっかけになった、という話です。これは年老いたニュートンが若《わか》い友人に話したことだそうで、引力《いんりょく》について考えたのがじっさいにリンゴの木の下だったかどうかははっきりしないものの、ニュートンは、心にいだいた数々の疑問《ぎもん》を、いつも頭のなかで考えつづけている人だったようです。

ニュートンが大学に入ったころは、いまではあたりまえになっている「地球が太陽のまわりをまわっている」ということを、だれもまだよくわかっていない時代でした。しかも授業《じゅぎょう》の内容は、2000年もまえのギリシャの理論《りろん》でした。そこで、本を読むのが大好きだったニュートンは、大学で習うこと以外の本も読みあさります。そのなかには、ニュートンが生まれたちょうどその年に亡《な》くなったガリレオの本もありました。ガリレオは、自作の望遠鏡を使って数々の発見をした人でした。ニュートンも、「反射型《はんしゃがた》」という独自《どくじ》の工夫をこらした望遠鏡をつくっています。

ニュートンはきっと、とても好奇心《こうきしん》が旺盛《おうせい》だったのでしょう。興味《きょうみ》をもったことについて、本から知識《ちしき》を得たり実験でたしかめたりしながら、自分の疑問《ぎもん》を解決《かいけつ》していきます。けれども、ほんの少しの手がかりからでも大きな発見をしてしまうニュートンは、「その考えかたはわたしのほうが先だった」という論争《ろんそう》に、何度もまきこまれるようになります。その争いにうんざりして、自分の研究を本にまとめることにあまり乗り気でなかったニュートンを、説得し、出版《しゅっぱん》のお金まで出したのは、「ハレー彗星《すいせい》」に名を残す、ハレーでした。

ニュートンは、天才的な能力《のうりょく》をもつ反面、気むずかしくて接《せっ》しにくい人だったのだろうと思います。でも、その業績《ぎょうせき》を高く評価《ひょうか》し、発表の場をつくり、盛《も》りたててくれる人たちがつねにかれのまわりにいました。今日《こんにち》わたしたちは、そのおかげで、ニュートンがどんなことを考え、なにを見つけたのかを知ることができるのです。さらに、ニュートンは科学者だっただけでなく、造幣局長《ぞうへいきょくちょう》にもなって、ニセ金《がね》づくりが多かった当時のイギリスで、偽造《ぎぞう》されにくい貨幣《かへい》の鋳造《ちゅうぞう》も手がけたのでした。

では、ニュートンが大学で学んだ2000年まえの科学がどんな内容だったのかもたどりながら、かれの生涯《しょうがい》を見ていくことにしましょう。

アイザック・ニュートン（1642～1727年）

ニュートンと万有引力《ばんゆういんりょく》

目次

1
若《わか》き日のニュートン

1665年秋、ロンドンではペストという伝染病《でんせんびょう》が大流行し、毎週7000体以上の遺《い》体《たい》が共同墓地《きょうどうぼち》に投げこまれるという、最悪な状態《じょうたい》になっていた。やがてペストはロンドンの東側の地区にも広がり、大学のある町ケンブリッジにもおそいかかった。大学は閉鎖《へいさ》され、まもなく学生も大学の研究者も大学を出ていった。街に残った人びとは、夜になると街の城門《じょうもん》の門番小屋で木炭、ピッチ（燃料《ねんりょう》）、硫黄《いおう》などを燃《も》やしつづけ、その煙《けむり》を全身に浴びた。そうすればペストの「毒」を退治《たいじ》できると期待していたのだ。

郊外《こうがい》へ避難《ひなん》するように命じられた人びとのなかに、トリニティー・カレッジの若《わか》き学生だったアイザック・ニュートンもいた。かれは、リンカンシャー州ウールスソープにある母親の農場へひっこした。何回かケンブリッジをおとずれた以外は、2年近くをその農場ですごした。学校の先生や大学の教授《きょうじゅ》は、ニュートンがたいへんすばらしい才能《さいのう》の持ち主

ペストが流行していた1665年には10万人以上の人が亡《な》くなり、ロンドン近郊《きんこう》のホリー・ウェルでは、このような共同墓地《きょうどうぼち》に遺体《いたい》を投げこまなくてはならなかった。

当時のロンドンの街角《まちかど》

ペスト患者《かんじゃ》が住んでいた家には十字の印がつけられ、その外ではペストを退治《たいじ》することを願って木炭、ピッチ、硫黄《いおう》が燃《も》やされた。

だとは思っていたが、まさか片田舎《かたいなか》の村に閉じこもっていた2年のあいだにすぐれた発見をするとは思っていなかった。しかし、じっさいニュートンは、人類が成しとげたもっとも偉大《いだい》な科学の発見のうちのいくつかを、この地で成しとげたのだ。そのおかげで新しい科学の基礎《きそ》がかたまり、2000年もつづいてきた古典的なものの考えかたはいっきに変わった。

ニュートンの発見のひとつめは、「色がついていないように見える白色光《はくしょくこう》（たとえば太陽の光）が、じつはいくつもの色の光でなりたっている」というものだ。ふたつめは、いまでは「微分積分法《びぶんせきぶんほう》」として知られている「流率法《りゅうりつほう》」という計算方法で、数学のうえではとても便利なものだ。そして3つめ。おそらくいちばん重要な、「万有引力の法則《ばんゆういんりょくのほうそく》」へとつながる発見だ。これを使えば、リンゴが地面へ落ちることだけでなく、太陽のまわりをまわる星の動きも説明することができる。ニュートンの大発見をしのぐものは、その後長いあいだあらわれそうになかった。ニュートンが亡《な》くなってしばらくのちの18世紀末、フランスの物理学者ピエール・ラプラスは、「ニュートンほど幸運な科学者はいない。宇宙《うちゅう》の動きを説明する科学法則《かがくほうそく》はひとつしかないのに、ニュートンはそれを見つけたのだから」と語った。20世紀はじめに科学が急激《きゅうげき》に進歩した現代《げんだい》では、宇宙《うちゅう》の動きをたったひとつの法則《ほうそく》で説明することはできないとわかっているが、さまざまな条件《じょうけん》のもとで物体の動きを分析《ぶんせき》したり予測《よそく》したりする方法の基礎《きそ》になっているのは、いまでもニュートンの見つけた法則《ほうそく》だ。

1727年にニュートンが亡《な》くなってまだ間《ま》もないころ、あるフランスの有名な数学者が、「ニュートンという人物は、ふつうの人と同じように、歩いたり、食べたり、ねむったりしたのだろうか」と語っている。いったいニュートンとはどんな人物だったのだろう？　大発見へとかれをみちびいたものはなんだったのか？　その発見は、ほかの人たちからどのようにむかえられたのだろう？

この本では、そのあたりをさぐっていく。まずはニュートンのほんとうの偉大《いだい》さを知るために、かれの発見によって科学が変貌《へんぼう》するまえの時代のことを見てみよう。歴史という名のタイムトラベルでその当時のことをさぐるのは、なかなか困難《こんなん》だがやりがいのあることだ。

じつは、ニュートンは、科学の研究だけでなく聖書《せいしょ》の預言《よげん》や錬金術《れんきんじゅつ》（もともとは金《きん》以外の金属《きんぞく》から金《きん》をつくりだそうというものだが、ここでは不老不死《ふろうふし》をめざそうとする技術《ぎじゅつ》をさす）の研究にもかなりの時間を費やしていた。近代科学の創始者《そうししゃ》がそんなことをしていたとは、おかしなことだと思うかもしれない。しかし、ニュートンにとって科学の研究は、自然界や歴史のなかにあらわれている神がおこなったことを理解《りかい》しようとするための、手段《しゅだん》のひとつにすぎなかったのだ。

アイザック・ニュートンは、1642年のクリスマスの日（12月25日）に、リンカンシャー州のグランサムから約10キロ南にあるウールスソープの小さな荘園《しょうえん》で誕生《たんじょう》した。父は農夫のアイザック。母はハンナだ。しかし、父親のアイザックは、結婚《けっこん》してわずか数か月後、息子《むすこ》が生まれる3か月まえに亡《な》くなってしまった。

赤《あか》ん坊《ぼう》は、生まれたとき、**クォートマグ**（1クォート＝約1リットル入りのジョッキ）に入りそうなほど小さかった。父と同じくアイザックという名がつけら

ウールスソープにあるアイザック・ニュートンの生家《せいか》。ウールスソープは、リンカンシャー州グランサム近郊《きんこう》の小さな村。

れたものの、体も弱く、アイザックのために薬をとりにいった近所のふたりの婦人《ふじん》が、「帰るころにはあの子が死んでいるのではないか」と思ったことがあるほどだった。

母は、アイザックが3歳《さい》のときに、裕福《ゆうふく》な牧師《ぼくし》バーナバス・スミスと再婚《さいこん》してとなり村のノース・ウィサムへひっこしたが、アイザックはそのままウールスソープで祖父母《そふぼ》に育てられた。しかし、アイザックが10歳《さい》のころスミス牧師《ぼくし》も亡《な》くなり、母は2度目の結婚《けっこん》でできた3人の子どもをつれて、ウールスソープにもどってきた。

アイザックは、ふたつの小さな学校に通い、12歳《さい》ごろからは薬屋に下宿《げしゅく》して、グランサムの王立学校に通いはじめた。ある17世紀の作家は、このころのアイザックを「めだたず、もの静かで、思慮深《しりょぶか》い少年」と書

クォートマグ

「クォート」は、イギリスやアメリカで使われているヤードポンド法で、体積をあらわす単位。メートル法に換算《かんさん》すると、1クォートは約1リットルになる。

クォートマグは、ビールをのむジョッキや計量などに使われ、自分の名前をきざんで居酒屋《いざかや》にあずけておくこともあった。

いている。おとなびていて創造力《そうぞうりょく》があったかれは、クラスの子どもたちとはなじまず、風車《ふうしゃ》、水時計《みずどけい》、さらに運転手が運転席にすわってハンドルで操作《そうさ》できる乗りものなど、さまざまな機械じかけのおもちゃや模型《もけい》をつくっていた。紙の凧《たこ》をつくれば、より高く上がるように、またあやつりやすいように工夫した。凧《たこ》にちょうちんをつけてとばしたときには、村人が彗星《すいせい》とまちがえておどろいてしまった。下宿先《げしゅくさき》の庭には、太陽の動きにあわせて印をつけ、日時計《ひどけい》をつくった。こんなふうにすごしていたので、成績《せいせき》がクラスのトップから転落することもあったが、その気になればすぐにまた復活《ふっかつ》できる、かしこい子どもだった。

14歳《さい》になったアイザックは、長男として農場をつぐため、グランサムの王立学校をはなれることになった。

ニュートンが子どものころに通っていたグランサムの学校。
ヘンリー4世によって設立《せつりつ》された。

12歳《さい》のころのアイザック・ニュートン。ニュートンの死後かなりたってからフレデリック・ニューンハム（1807～59年）がえがいたもの。

グランサムの王立学校の内部
ニュートンの時代からある古い建物で、かつては集会場、体育館、物置きとして使われていた。いまでは学校図書館の一部になっている。

けれど、かれが農夫にむかないことは、母親にはすぐにわかった。アイザックは、ヒツジの放牧に出かけても垣根《かきね》の下で本を読みふけり、ヒツジが逃《に》げだしても気づかないことがよくあったのだ。農場の作物を売って家族の買い物をするためにグランサムの市場へ出かけたときには、いっしょに行った忠実《ちゅうじつ》な召使《めしつか》いにその仕事をまかせ、自分はもと住んでいた下宿《げしゅく》の屋根裏部屋《やねうらべや》にもぐりこんで、召使《めしつか》いがもどってくるまで本を読んでいた。やがて、グランサムの学校長や母方《ははかた》の伯父《おじ》が、「かれのなみはずれた才能《さいのう》を農場の仕事にうもれさせるのは、世の中にとって損失《そんしつ》だし、本人も農場をつぐ気がなさそうだ」と母親を説得してくれたおかげで、アイザックはグランサムにもどり、大学へ行く準備《じゅんび》をすることになった。

「アイザック・ニュートン」と自分の名前を彫《ほ》ってある、王立学校の窓《まど》わく。

ニュートンが子どもから青年になるころは**激動《げきどう》の時代**だった。「市民戦争」がはじまり、チャールズ1世が断頭台《だんとうだい》で処刑《しょけい》され、イングランド共和国（コモンウェルス）が成立し、オリバー・クロムウェルが初代の護国卿《ごこくきょう》という地位についた。そして1660年、ニュー

ニュートンの子ども時代には、1649年にチャールズ1世（左）が処刑《しょけい》され、オリバー・クロムウェル（中央）が台頭《たいとう》した。しかし、1660年にはふたたび王政《おうせい》にもどり、チャールズ2世（右）が国王となった。

激動《げきどう》の時代

当時（16～17世紀）のイギリスは国王が国をおさめていたが、1642年、国王の専制政治《せんせいせいじ》に議会が反発し、はげしい内戦状態《ないせんじょうたい》になる（市民戦争。1642～1652年）。その結果、クロムウェルひきいる「議会派《ぎかいは》」が勝利し、国王チャールズ1世は処刑《しょけい》され、イギリスは一時的に「イングランド共和国」となった。議会派《ぎかいは》の多くが「ピューリタン（キリスト教プロテスタントのなかの一派《いっぱ》）」だったので、この革命《かくめい》を「ピューリタン革命《かくめい》」という。クロムウェルは共和国の護国卿《ごこくきょう》を名のり、国を統治《とうち》した。「護国卿《ごこくきょう》」とは、この革命《かくめい》によってつくられた、政権《せいけん》の最高職《さいこうしょく》だ。

しかし、クロムウェルの政治《せいじ》も評判《ひょうばん》が悪く、国民の反発をかう。かれの死後、ふたたび王室が権力《けんりょく》をとりもどし、1660年には亡《ぼう》命《めい》していたチャールズ2世が即位《そくい》。これを「王政復古《おうせいふっこ》」という。チャールズ2世の死後は、弟のジェームズ2世が即位《そくい》するが、また国民の反発があり、1688年に議会はジェームズ2世を国外に追放し、オランダから新しい国王ウィリアム3世をむかえた。このときは血を流すことなく革命《かくめい》をなしとげたので、「名誉革命《めいよかくめい》」という。

トンがグランサムでの最後の1か月をすごしていたころ、ふたたび王政《おうせい》の体制《たいせい》が復活《ふっかつ》し、チャールズ2世が英国の国王として凱旋《がいせん》したことを宣言《せんげん》する教会の鐘《かね》が鳴りひびいた。

ニュートンの家族は、「市民戦争」でピューリタン（改革派《かいかくは》のグループで、清教徒《せいきょうと》といわれる人びと）が国王をたおしたことをよろこんでいたとは思えない。しかし、おとなになってからのニュートンの生活には、ピューリタン的な特徴《とくちょう》があった。聖書《せいしょ》の教えに忠実《ちゅうじつ》で、節約家で、規律《きりつ》正しく、よく働き、はででにぎやかな人たちとのかかわりをさける——といった特徴《とくちょう》だ。たぶんニュートンは、成長期にピューリタン的な生きかたに深い感銘《かんめい》を受けたのだろう。大学に入学したとき、ニュートンはすでに18歳《さい》になっていた。多くの少年が16歳《さい》かもっと若《わか》いうちに大学へ入る時代だったから、ニュートンはほかの少年たちにくらべると自分なりの生きかたがはっきり決まっていた。

かれは1661年6月5日に、トリニティー・カレッジ（ケンブリッジ大学）への入学を許可《きょか》されている。母親は、2度目の結婚《けっこん》をしたとき夫に息子《むすこ》のアイザックへそれなりの資金援助《しきんえんじょ》をしてくれるようたのんだが、それだけでは大学の費用にたりなかった。そこでニュートンは、指導教官《しどうきょうかん》の食事の世話や雑用《ざつよう》をすることで費用を免除《めんじょ》してもらう**準免費《じゅんめんぴ》**

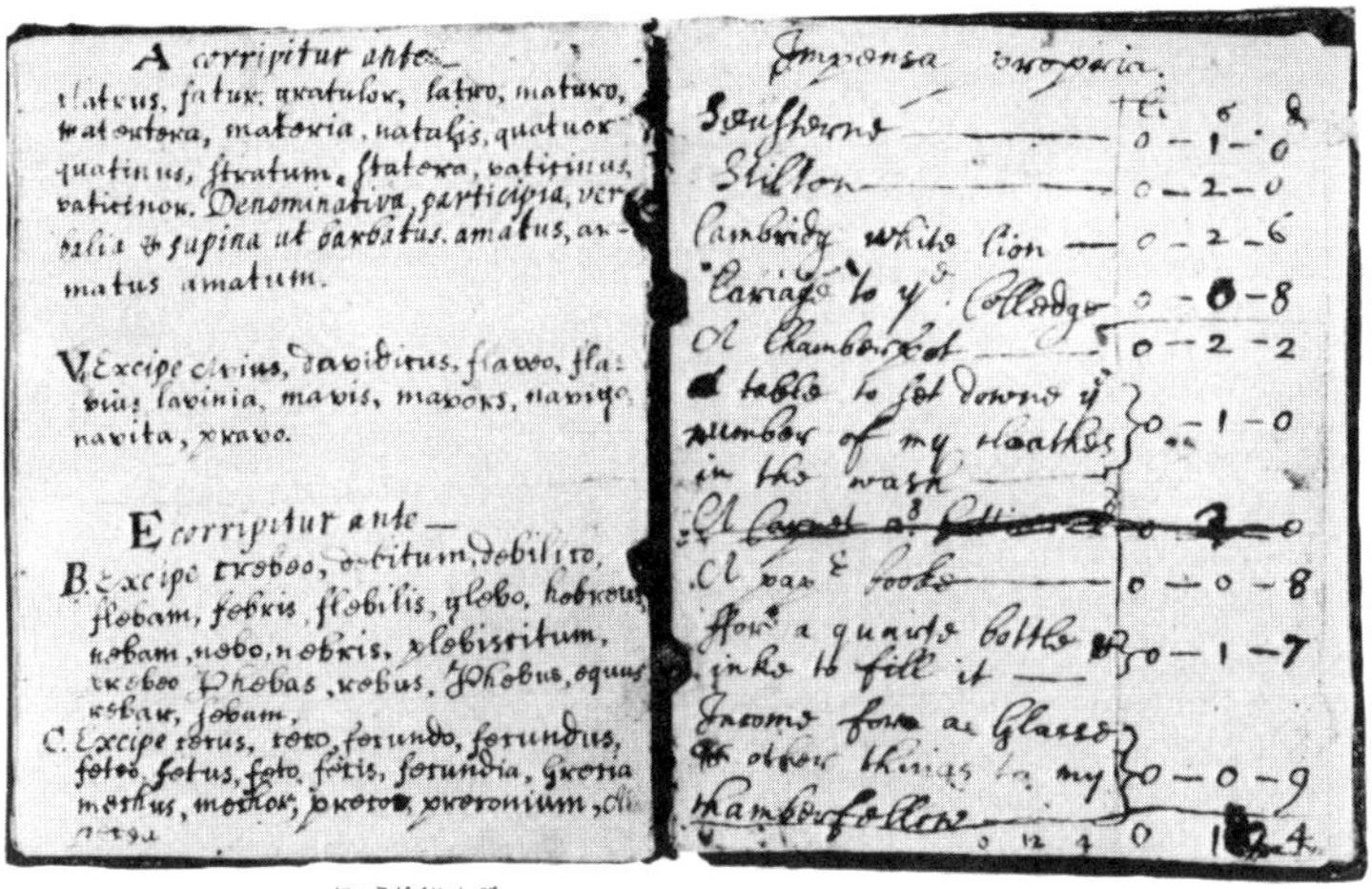

ケンブリッジ大学への入学準備《にゅうがくじゅんび》からはじまっているニュートンのノート。右側のページにはウールスソープからケンブリッジまでの旅費などが記されている。

準免費生《じゅんめんびせい》

当時のトリニティ・カレッジには、学費をはらって入学した特別自費生、一般《いっぱん》自費生のほかに、免費生《めんびせい》、準免費生《じゅんめんびせい》という身分の学生がいた。免費生《めんびせい》は、学寮長《がくりょうちょう》や最上級フェロー（大学から研究費をもらう研究員のなかでも最上級の人たち）の召使《めしつか》いをして生活費をかせぐ貧《まず》しい学生で、13人と人数が決まっていた。準免《じゅんめん》費生《びせい》も人数が決まっており、仕事は免費生《めんびせい》と同じように、フェローや自費生（裕福《ゆうふく》な学生）の召使《めしつか》いだった。食事のときの給仕《きゅうじ》、そうじ、くつみがき、燃料《ねんりょう》はこびなどの雑用《ざつよう》をしなくてはならないうえに、ほかの学生といっしょに食事をすることをゆるされていなかった。免費生《めんびせい》と準免費生《じゅんめんびせい》たちは、フェローや学生たちが食事をすませたあと、残りものを食べた。ただ、準免費生《じゅんめんびせい》は、大学から食費などの援助《えんじょ》を受けている免費生《めんびせい》とはちがい、授業料《じゅぎょうりょう》（一般自費生《いっぱんじひせい》より安かった）や食費は自分で支払《しはら》っていた。

生《せい》として入学した。

ニュートンが入学したころのケンブリッジ大学は、共和政《きょうわせい》がたおされて王政《おうせい》が復活《ふっかつ》したことへの対応《たいおう》にいそがしかった。当時の英国では、「オックスフォード」と「ケンブリッジ」というふたつの大学が、国家と教会の中枢《ちゅうすう》（大事な中心部）となる人材を育成していた。20年まえにピューリタン革命《かくめい》によって王政《おうせい》がたおされたとき、新しくできたイングランド共和国（コモンウェルス）への宣誓《せんせい》を拒否《きょひ》したために、大学の学寮長《がくりょうちょう》やフェロー（大学から研究費をもらうことができる特別研究員）の半数は職《しょく》を失った。そのため、ふたたび王政《おうせい》にもどったことでまた同じようなことが起きるのではないかと、大学職員《だいがくしょくいん》たちは戦々恐々《せんせんきょうきょう》としていた。職員《しょくいん》も学生も、ピューリタンがかぶっていた丸い帽子《ぼうし》をかぶるのをやめ、正方形の角帽《かくぼう》が復活《ふっかつ》した。ある王党派《おうとうは》の学者は、あわてて帽子《ぼうし》をとりかえた職員《しょくいん》たちのことを、「かれらは、**円と同じ面積の正方形をつくる**という難問《なんもん》を解決《かいけつ》したんだろうよ」とからかった。

ケンブリッジへ来てからニュートンがどんなことを考えていたのかは、かなり細かく知ることができる。かれが、自分の書いたメモを残らず保存《ほぞん》していたおかげだ。歴史学者がそのすべてをくわしく調べるには長い年月がかかるだろうが、かれがどのように自分の考えを積みかさねていったかは、はっきりわかるのだ。

当時の大学のきまりでは、紀元前4世紀のギリシャの哲学者《てつがくしゃ》アリストテレスの著書《ちょしょ》を使って科学を学ぶことになっていた。学内の試験があるので、ニュートンも規則《きそく》どおりアリストテレスの古典的な科学を学んでいた。そして、アリストテレスのものの見方を学びつつ、それにたいする自分の意見をノートに記している。しかしそれだけでなく、イタリアのガリレオ・ガリレイやフランスのルネ・デカルトといった、比較的《ひかくてき》新しい時代の人たちについても書いている。いずれも、アリストテレスの考えに異議《いぎ》をとなえ、自然について、まったく新しい方法で研究して解《と》きあかしていくべきだと主張《しゅちょう》していた人たちだ。

ニュートンは、当時の新しい考えに一方的《いっぽうてき》に染《そ》まることはなかったし、するどい批判《ひはん》もしていた。それでも、科学を研究するには、

円と同じ面積の正方形をつくる

古代ギリシャ数学の3大難問《だいなんもん》のひとつ。どれも作図は不可能《ふかのう》だということが、すでに証明《しょうめい》されている。

その1　ある角《かく》を3等分せよ

その2　ある立方体の2倍の体積をもつ立方体を作図せよ

その3　ある円と同じ面積をもつ正方形を作図せよ

作図というのは、定規《じょうぎ》とコンパスだけを使って線を書きこみ、図をつくること。

新しい思想家たちの研究方法を見習わなくてはいけないとも思っていた。

つぎの章では、アリストテレスのきずいた科学の体系《たいけい》と、比較的《ひかくてき》新しい思想家たちの体《たい》系《けい》を見ていこう。そこから、ニュートンがはじめて出会った科学の世界が見えてくる。

19世紀の有名な風刺画家《ふうしがか》ジョージ・クルクシャンクがえがいたニュートン。ニュートンはタバコを吸《す》う人物ではないが、この絵のニュートンは、陶器《とうき》のパイプに女友だちの細い指でタバコの葉をつめてもらっている。この女性《じょせい》は、もしかするとニュートンの恋人《こいびと》とうわさされたグランサムのミス・ストーリーかもしれない。

2　アリストテレスの考えかた

　ニュートンがケンブリッジ大学で学んだ科学の講義《こうぎ》は、アリストテレスの考えかたを基《き》礎《そ》にしていた。アリストテレスの考えかたは、キリスト教の教えに沿《そ》うように13世紀と16世紀に多少書きかえられていたが、大部分は２０００年の時を経《へ》てもほとんど変わらないまま残っていた。どうしてそうなったのだろうか。アリストテレスこそが科学の進歩をとめた人物だと考える人もいる。

　ニュートンと同時代に生きたジョセフ・グランヴィルは、アリストテレスの科学には「理屈《りくつ》も理由もない」うえに、「学問にも人生にも役にたたない」といっている。それなのに、なぜキリスト教世界はアリストテレスを、13世紀からずっと「知の達人」とまでよんで受けいれたのだろうか（アリストテレスをこうよんだのは、詩人ダンテ・アリギエーリだ）。また、13世紀よりまえの中世《ちゅうせい》、ユダヤ人やイスラム教徒までがかれを賞賛《しょうさん》していたのはなぜなのか。

アリストテレスの考えかたとキリスト教の基本的《きほんてき》な教えの一部が相反《あいはん》することを思うと、なぞはいっそう深まる。アリストテレスは、「神が〝無《む》〟から天地を創造《そうぞう》した」とは考えなかった。「神は、宇宙《うちゅう》を見守ってなどいないし、介入《かいにゅう》もしない」

また、「肉体が死んだあとも生きつづける〝魂《たましい》〟をさずけてくれるわけでもない」と考えていた。こんなに意見がちがうにもかかわらず、中世《ちゅうせい》のキリスト教思想家たちはアリストテレスを受けいれたのだ。

イギリスの作家で哲学者《てつがくしゃ》でもあるフランシス・ベーコンは、ニュートンが生まれるまえの17世紀はじめごろ、アリストテレスの科学をはげしく批判《ひはん》した。ベーコンは、アリストテレスの考えかたがいかにして人びとの心を支配《しはい》するようになったのかを、つぎのように説明している。

フランシス・ベーコン（1561～1626年）
イギリスの作家・哲学者《てつがくしゃ》で、アリストテレスの宇宙論《うちゅうろん》にたいする反対者。ニュートンと同じくケンブリッジのトリニティー・カレッジで学んだ。

「ローマ帝国《ていこく》が異民族《いみんぞく》によってほろぼされたとき、学問は嵐《あらし》にあって難破《なんぱ》した船のような状態《じょうたい》になった。中身が濃《こ》く、価値《かち》のある学問は、時代の波にのまれてしずみ、わかりやすいが役にたたない、たとえばアリストテレスやその師匠《ししょう》プラトンの考えかただけが、船の残骸《ざんがい》の板きれのようにぷかぷかとうかんで生きのこったのだ」

ガリレオやデカルトの「新しい科学」が、アリストテレスの考えかたよりもさらにむかしの思想家たちの考えかたとむしろ共通点が多いのを見れば、ベーコンの指摘《してき》もうなずける。

「新しい科学」には3つの大きな特徴《とくちょう》があった。まずは、「16世紀半《なか》ばにニコラス・コペルニクスがしめした宇宙論《うちゅうろん》を受けいれた」ことだ。コペルニクスは、かれの宇宙論《うちゅうろん》のなかで、地球もそのほかの星も太陽のまわりをまわっているという宇宙観《うちゅうかん》を述《の》べている。もうひとつの特徴《とくちょう》は、「自然界のなぞを解《と》きあかすには、その根本《こんぽん》にあるものを数学的にとらえるべきだと考えていた」ことだ。そしてもうひとつが、「すべての物質《ぶっしつ》が、目に見えない小さな粒《つぶ》でなりたっていると考えていた」ことだ。ある物質《ぶっしつ》とほかのものとのちがいは、小さな粒《つぶ》がどのようにならび、どんな動きをしているかで説明することができる。これを「原子論《げんしろん》（アトミズム）」という。

アリストテレスよりむかしのギリシャ哲学者《てつがくしゃ》たちは、こうした考えかたをすでにもっていた。もちろん、その後の「新しい科学」にくらべれば、まだ不完全でまとまりのないものだったが。たとえば、紀元前4世紀、サモス島（エーゲ海にうかぶギリシャ領《りょう》の島）のアリスタルコスは、当時の人びとが信じていた天動説を否定《ひてい》し、地球やそのほかの惑星《わくせい》のほうが太陽のまわりをまわっていると説明した。紀元前6世紀のピタゴラスは、数字が音楽をつかさどっていることに気づいていてとても感動し、弟子《でし》たちとともに数学の研究に没頭《ぼっとう》した。紀元前5世紀～紀元前4世紀のデモクリトスは、原子論《げんしろん》を大胆《だいたん》に使って宇《う》宙《ちゅう》誕生《たんじょう》のなぞや自然界で起こるすべてのことを説明した。

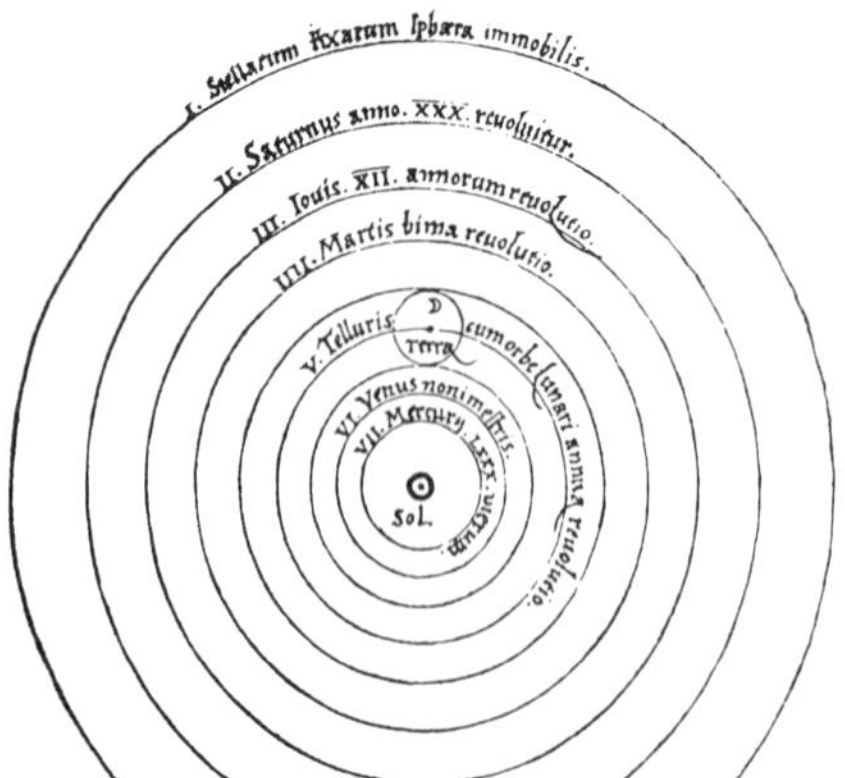

ポーランドの天文学者《てんもんがくしゃ》ニコラス・コペルニクス（右、1473～1543年）がえがいた宇宙図《うちゅうず》。地球や惑星《わくせい》が、太陽のまわりをまわっている（地動説）。これにたいしてアリストテレスは、太陽と惑星《わくせい》が地球のまわりをまわっていると考えていた（天動説）。

こうした将来有望《しょうらいゆうぼう》な説がいろいろ生まれていたのにもかかわらず、当時の人びとはなぜそれに背《せ》をむけて、まったく異質《いしつ》なアリストテレスの説を受けいれたのだろう。その答えは案外あたりまえなことで、ベーコンなど17世紀の人びとが考えたのとはちがう意外なものだった。アリストテレスの考えかたは、対立するほかの説にくらべてはるかに人間が感覚的にとらえた世界のすがたに近かったのだ。さらにアリストテレスは、ほかの説をただ切《き》り捨《す》てるのではなく、その説の細かいところまで検討《けんとう》した。

じっさい、いくつかの学説の内容《ないよう》は、アリストテレスがくわしく検討《けんとう》しなければ今日《こんにち》まで伝わっていなかっただろう。もっともかれは、つねに相手がまちがっている理由を指摘《してき》していた。こうしたかれの指摘《してき》が、長いあいだ強い影響力《えいきょうりょく》をもちつづけたのはなぜなのか。つぎはそれをさぐっていこう。

アリストテレスは、哲学者《てつがくしゃ》であるまえに博物学者であり生物学者であった。かれこそが生物学の基礎《きそ》をつくったといっていいだろう。生物を研究するうちに、すべてのものがそれぞれの目標にむかってつきすすんでいくのではないかと考え、その道筋《みちすじ》をさぐることこそがいちばん重要だと思うようになったのだ。自然界のものはすべて成長したときの

「形」が決まっていて、ほうっておけばそこへむかう。樫《かし》の木のドングリは樫《かし》の木になり、赤ちゃんはやがておとなになる。生物を研究するには、体のいろいろな器官について、それがなんのためにあるのか、どんな機能《きのう》があるのかを調べていけばいい。自然界のあらゆることは、「目標」と「そこへむかえという指令」によってなりたっているというのだ。

　それは、原子論者《げんしろんしゃ》たちがしめした奇想天外《きそうてんがい》な宇宙論《うちゅうろん》とはまったく正反対のものだった。原子論《げんしろん》では、「偶然《ぐうぜん》」がすべてを支配《しはい》している。「原子《げんし》」は無限《むげん》に広がる空間を動きまわり、偶然《ぐうぜん》出会ってくっついたりはなれたりしているという考えかただ。そんな気ままな原子《げんし》が、自然界に定められた目標や、そこへむかえという指令にしたがうなんてことがあるのだろうか。

　数学についても、アリストテレスは自然を研究するための重要な方法だとは思っていなかった。たしかに、ものの長さ、広さ、厚《あつ》みなどを知るには数学が便利だ。でも、それがわかったからといって、そのものの真のすがたを知りたいときには役にたたない。「凹《おう》曲面《きょくめん》」（へこんだ曲面）について議論《ぎろん》したところで、ギリシャの偉大《いだい》な哲学者《てつがくしゃ》**ソクラテスの「しし鼻」**のことがよくわかるわけではないのだ。アリストテレスは、生き物、つまり成長するものへの興味《きょうみ》に的《まと》をしぼった。その研究に数学はほとんど役にたちそうもないと、アリストテレスは考えた。科学の研究に数学がどんなに役だつのか、アリストテレスには理解《りかい》できなかったのだ。かれは、「数学」などという弱々しい亡霊《ぼうれい》を追いもとめるより活気に満ちた生き物の世界を研究すべきだと力説した。

地球のほうが太陽のまわりをまわっていることを、アリストテレスは否定《ひてい》している。地球が動いているということなどありえないと、かれは理路整然と説明していた。

われわれは毎日、太陽が東の地平線からのぼって西へしずむところを目にしているではないか。ほかにわたしたちがあたりまえだと感じることをひとつあげるとしたら、足元《あしもと》にある大地はじっとしていて動かないということだろう。さらに、地球が高速で動いているとしたら、物理的に説明がつかないいくつもの反論《はんろん》があった。地球が高速でまわっているの

ソクラテスの「しし鼻」

しし鼻とは、獅子舞《ししまい》に使う獅子頭《ししがしら》の鼻に似《に》ている鼻のこと。ソクラテスの鼻は低く、先端《せんたん》は上を向いていたと伝えられている。

なら、回転している車輪についた水滴《すいてき》がはじけとぶのと同じように、大地にしっかりしばりつけてあるもの以外は宇宙《うちゅう》にほうりだされてしまうはずだ。地球が東へまわっているなら、空をとんでいる鳥や雲は西へむかうときのほうが速く移動できるはずだ。高い塔《とう》から球を落とすと、落ちていくあいだに地球がまわって地面が移動するから、球は真下に落ちないはずだ。

アリストテレスは、こうした一般的《いっぱんてき》な感覚にもとづいた説明のほかにもいくつかの理《り》論《ろん》をとなえ、それらは長いあいだ大きな影響力《えいきょうりょく》をもちつづけた。地球上の物体は、固体、液体《えきたい》、気体、光として観察される。そもそも初期ギリシャの哲学者《てつがくしゃ》たちは、地球上のすべてのものは「土」「水」「空気」「火」の4つの元素《げんそ》のまぜあわせでできていると考えていた。どんなものにも4つの元素《げんそ》がふくまれていて、そのなかのひとつがほかより多くなっているのだと。また、元素《げんそ》はほかの元素《げんそ》に変化することもできるのだと。たとえば、水も同じように「土」「水」「空気」「火」の4つの元素《げんそ》でできているが、純粋《じゅんすい》な元素《げんそ》の「水」がほかの元素《げんそ》より多いのだ。水を冷やすと氷になるのは、「水」の元素《げんそ》（液体《えきたい》）が「土」の元素《げんそ》（固体）に変わったのだ。また、熱すれば水蒸気《すいじょうき》になり、「空気」という元素《げんそ》（気体）に変化する――というわけだ。

アリストテレスは、古くからあったこの考えかたを、よりわかりやすく整理した。元素《げんそ》は、それぞれ決まった目標のあるほうへ動こうとする。手にもっている石をはなせば、下に落ちる。水蒸《すいじょう》気《き》や炎《ほのお》は、上へ上がろうとする。この「目標」と「そこへむかえという指令」は、アリストテレスが生物（生きて、成長しているもの）を研究しているあいだに見つけて感銘《かんめい》を受けたことだったが、かれは「死んでいるもの（無生物）」の動きについてもあてはまるのではないかと気がついた。これまでにも述《の》べたように、生物の真

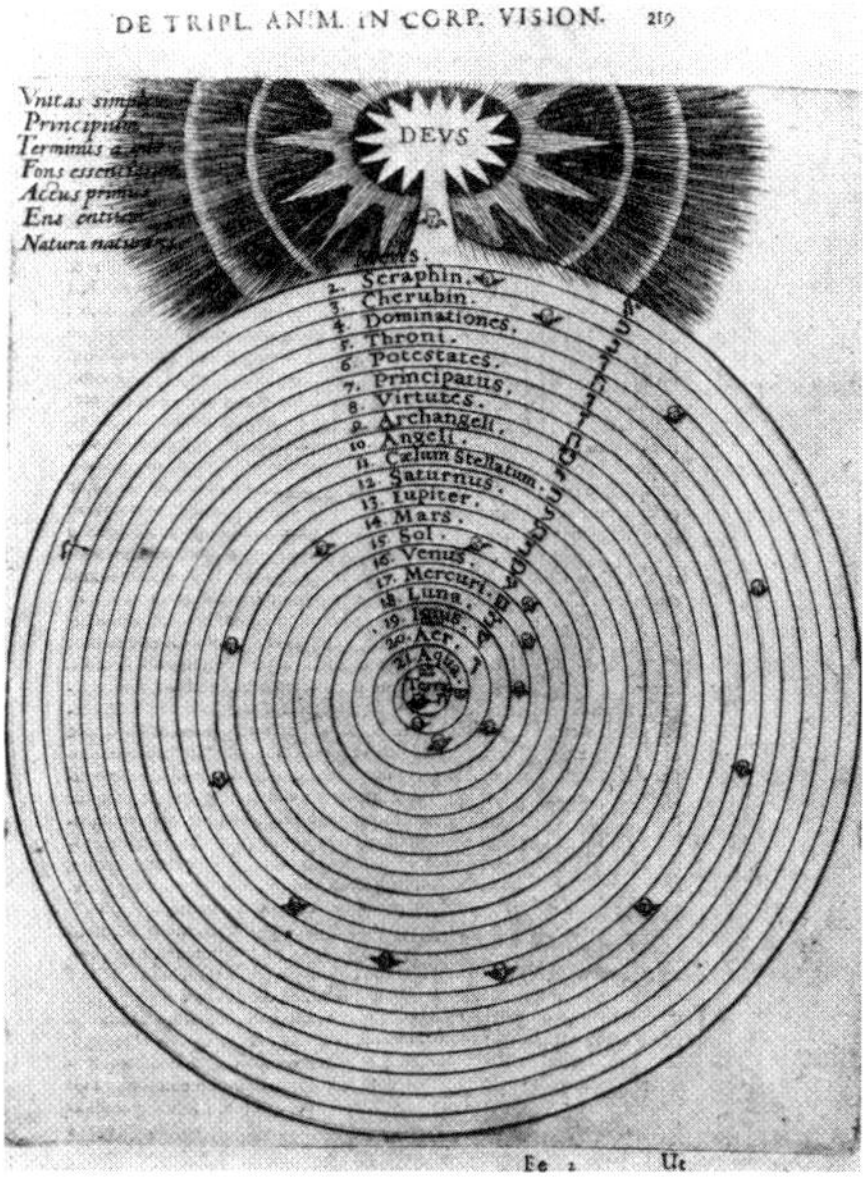

キリスト教の考えと結びつけられて変化した、アリストテレスの宇宙図《うちゅうず》（もとの宇宙図《うちゅうず》は34ページ参照）。たしかに、中央にある土（地球）はアリストテレスの説にもとづいて水、空気、火に囲まれているが、それらは独立《どくりつ》した層《そう》になっていない。この図では、土（地球）が巨大《きょだい》なうずの中心にあり、惑星《わくせい》、恒星《こうせい》、さらに9つの階級の天使を経《へ》て神へ近づいていくようにえがかれている。

のすがたを知るためには、その生物がめざす、成長したときのすがたを研究すればいいと、かれは考えていた。同じように、ものの本来の性質《せいしつ》も、まわりからじゃまが入らないとき、そのものがむかう方向を見ればわかるのではないか。ものにはそれぞれ自然に落ちつく場所があり、そこをめざして動いているのではないか。太陽の動きがしじゅう元素《げんそ》を乱《みだ》すことがなければ、4つの元素《げんそ》はやがてそれぞれにあった場所に落ちつく。そして、中心部には土（地球）があり、そのまわりを水、空気、火の層《そう》が順に囲む形になるだろう。アリストテレスにとって、「大地」が宇宙《うちゅう》の中心でなければいけないのは、こうした理由からだ。

宇宙《うちゅう》の中心とは、「いちばん重く、いちばん下に来るべき元素《げんそ》がある場所」なのだ。ニュートンは、リンゴはなぜ、上や横ではなく下に落ちるのか疑問《ぎもん》に思った。アリストテレスだったら、その疑問《ぎもん》にこう答えただろう。「リンゴは〝土〟の性質《せいしつ》をもっており、その性質《せいしつ》のものが落ちつく場所は、宇宙《うちゅう》の中心だからだ」と。

アリストテレスの考えかたでは、「大地」が動くわけにはいかなかった。ものが動くのは、それが本来あるべきところにもどろうとするからだ。「大地」は、すでにあるべきところに落ちついている。「自然な動き」（自然運動）は、ものが本来の場所に落ちつけばとまるのだ。

地球上でのものの動きは2種類に分けられる。ひとつは、外から力をくわえない「自然運動」。もうひとつは、「力ずくの不自然な動き」だ。これは、石をほうりなげたり、炎《ほのお》をふきけしたり、馬が荷車をひいたり、こぎ手がボートをこいだりしたときの動きだ。このとき、おしたりひいたりして動かすのは、そのものにふれている生物だ。2種類の動きには、どちらもはじまりとおわりがある。ものが本来あるべきところへ落ちついたとき、または生物がおしたりひいたりするのをやめたとき、動きはとまる。

ここで、空を見あげてみよう。太陽と7つの惑星《わくせい》は、地球のまわりを一定の円軌道《えんきどう》でまわっている。月の軌道《きどう》より下（内側）にあるものは4つの元素《げんそ》でできているが、それより上（外側）にあるものは、きわめて純粋《じゅんすい》で質《しつ》のいい「エーテル」という元素《げんそ》でできているのだ。だから、太陽も惑星《わくせい》もそれぞれに適《てき》した速さで一定の円軌道《えんきどう》をまわっており、その速さは速すぎもおそすぎもしないのだ。

このように、アリストテレスは「地上」と「天上」とをはっきり分けて考えた。天上の世界は純粋《じゅんすい》な元素《げんそ》でできた星や惑星《わくせい》の宿るところなので、変化が起きるはずがない。そこにあるのは速度が一定の円運動だけで、はじまりもおわりもない。これは、いわば「不変の動き」だ。しかし、地球はふつうの元素《げんそ》でできているから、「天上の世界のような完全

アリストテレスの宇宙図《うちゅうず》
土、水、空気、火の層《そう》をあらわしている。さらにその外側には完全な元素《げんそ》であるエーテルでできた星の世界を、占星術《せんせいじゅつ》の12星座《せいざ》の形でえがいている。

な動きはできない」というわけだ。地球が軸《じく》を中心にまわることで昼夜ができ、太陽のまわりをまわることで季節の変化が生まれるなどと考えるのはばかげている。こうした季節や毎日の変化がなぜ起きるのかは、ギリシャの天文学者《てんもんがくしゃ》がすでに説明しているではないか。地球のまわりの空は24時間でひとまわりしており、それと同時に太陽も、1年かけて地球のまわりをまわっているのだと。

アリストテレスの時代とはまったくちがう、現代《げんだい》の考えかたのなかで育ったわたしたちから見ると、かれのえがいた宇宙図《うちゅうず》はとてもおかしなものに見えるかもしれない。しかし、ここまで手短にまとめてきたかれの考えかたを見れば、わたしたちに劣《おと》らぬ教養をそなえた当時の人びとがみとめた理論《りろん》を、アリストテレスが集め、整理し、さらにしっかりした形にまとめあげたものだということがわかるはずだ。アリストテレスが「科学」として書きしるしたものは、現在《げんざい》でいえば物理、化学、生物学、地学、天文学《てんもんがく》、宇宙論《うちゅうろん》と、とても範囲《はんい》が広い。さらにかれは、論理学《ろんりがく》（論理的《ろんりてき》な思考方法）、道徳学《どうとくがく》、政治学《せいじがく》、詩学などの本も書いているので、もうその分野で人間が学べることはすべていいつくされていると、長いあいだ考えられていた。じつは、ギリシャと当時その近くにあった古代アッシリア、エジプトの人びとが学んでいたことのほとんどすべてを、アリストテレスは本にまとめたのだ。しかもそれは、単に百科事典のようなものではなく、すべてがたがいに関連づけられていた。

ローマ人が450年代にブリテン島を去ったのち、キリスト教世界ではアリストテレスのまとめた古代の学問がとだえていたが、しだいに社会が繁栄《はんえい》して文化水準《ぶんかすいじゅん》が高くなると、人びとはムーア人（スペインを侵略《しんりゃく》したイスラム教徒）の知識階級《ちしきかいきゅう》が受けついでいた古代の学問の価値《かち》に気づき、それを無視《むし》するわけにいかなくなった。そのまえの時代のユダヤ教やイスラム教の思想家たちと同様、キリスト教の思想家とりわけイタリアのキリスト教神学者《しんがくしゃ》であり哲学者《てつがくしゃ》でもあるトーマス・アクィナス（1225〜1274年）は、アリストテレスの考えかたに手をくわえ、キリスト教の基本的《きほんてき》な考えと真《ま》っ向《こう》からぶつかることをふせいだ。こうしてアリストテレスの学問を復活《ふっかつ》させ、さらに当時のキリスト教の教えに沿《そ》うよう注釈《ちゅうしゃく》をくわえたものを用いて、りっぱな高等教育をおこなうことができたのだ。

3 アリストテレスに代わる「新しい科学」の誕生《たんじょう》

ニュートンは、ケンブリッジ大学の規則《きそく》にしたがって旧式《きゅうしき》の科学を学んでいたが、それとはべつに、わずか20年ほどまえに自然界を新しい方法で説明した先駆者《せんくしゃ》たちの本を、胸《むね》をおどらせながら読んでいた。なかでもめだっていたのは、イタリアのガリレオとフランスのデカルトだ。

ルネ・デカルト（1596〜1650年）
フランス人の数学者・物理学者・哲《てつ》学者《がくしゃ》。かれの物理的理論《ぶつりてきりろん》は、哲学《てつがく》が基礎《きそ》になっていた。一方《いっぽう》、ニュートンのめざす物理学は、実験と実験結果のみから定理を組みたてていくというもので、まったく正反対だった。

かれらの「新しい科学」とアリストテレスの科学とのちがいは、どんなところなのだろうか。

まず、ガリレオたちは、理論《りろん》を正しいとみとめるためには「観察」や「実験」をじゅうぶんおこなわなければいけないと主張《しゅちょう》した。その例として、ニュートンがまだ学生だったころに議論《ぎろん》の的《まと》となって白熱した、有名な実験について説明しよう。

ガリレオは、井戸からポンプで水をくみあげるとき、水面から約10メートルまでしか水が上がらないことに気がついていた。ガリレオの死後まもなく、弟子《でし》の**エヴァンジェリスタ・トリチェリ**はその理由をつぎのように説明した。

「地球全体が、空気の海に浸《つ》かっているようすを想像《そうぞう》してみよう。海のなかではすべてのものに水が重くのしかかるのと同じように、空気の海でも、空気の重さがものをおしているのだ。ポンプの実験で試してみよう。まず、ポンプのピストンを下げて、なかの空気をおしだしてお

1638年、イタリアの有名な天文学者《てんもんがくしゃ》であり物理学者でもあったガリレオ・ガリレイ（1564～1642年）のところへ、イギリスの詩人ジョン・ミルトンがおとずれたときのようす。ガリレオはこのとき、かれの著書《ちょしょ》『天文対話《てんもんたいわ》』でアリストテレスではなくコペルニクスの宇宙論《うちゅうろん》を支持《しじ》したため、ローマの異端審問所《いたんしんもんしょ》で「権力《けんりょく》にさからった」という判決《はんけつ》を下され、自宅《じたく》に閉じこめられていた。

く。そのポンプの先端《せんたん》を、水を入れた容器《ようき》のなかに浸《つ》けてピストンをひきあげると、ポンプのなかに水が上がってくるだろう。これは、ポンプ内にはほとんど空気がなく、一方《いっぽう》、水の入った容器《ようき》の水面の上には空気が乗っているので、その空気が水面をおし、ポンプ内の水が落ちてこないようにささえているからなのだ。このようにしてピストンをどんどんひきあげていき、ポンプ内に水がどのくらいの高さまで上がってこられるかを測《はか》れば、容《よう》

トリチェリの実験

トリチェリの実験によって、水銀《すいぎん》の高さで、大気圧《たいきあつ》の変化をあらわせるようになった。この水銀《すいぎん》の高さは気圧《きあつ》の単位にもなっていて、1気圧《きあつ》は760㎜Hg（ミリメートル水銀柱《すいぎんちゅう》）と決められている（Hgというのは水銀《すいぎん》の元素記号《げんそきごう》）。日本では現在《げんざい》、気圧《きあつ》の単位として、1992年から「hPa（ヘクトパスカル）」を使っている。

1気圧《きあつ》＝760㎜Hg＝1013hPa

また、水銀《すいぎん》がさがることでガラス管の上部にできた空間にはほとんどなにも入っていないので、「トリチェリの真空《しんくう》」という。

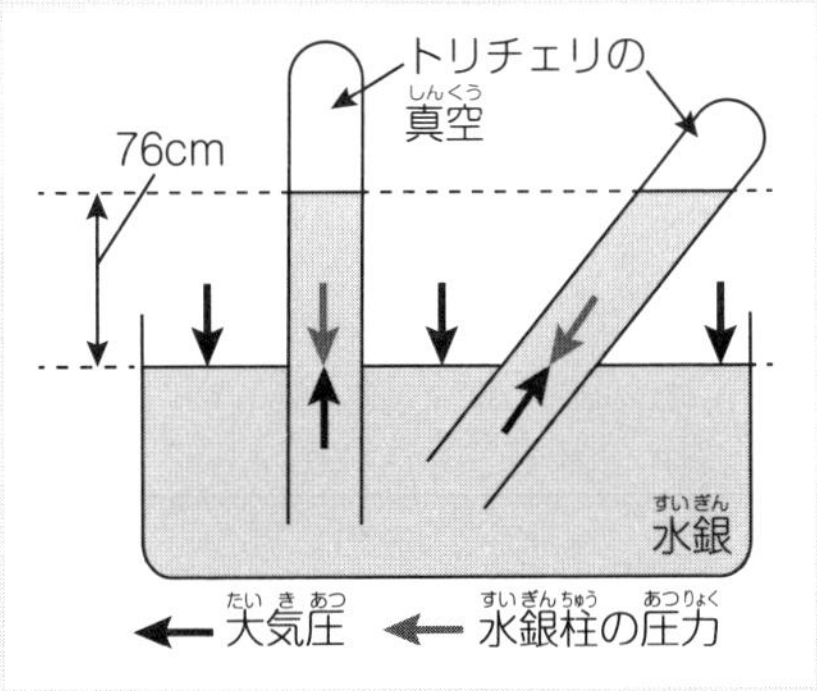

器《き》の水面に乗っている空気の重さがわかる。ポンプの太さと同じ面積の水面上に乗っている空気の重さと、ポンプ内の水の重さが、同じになるところまでしか水をくみあげることはできないのだ」

トリチェリは、理由を説明しただけでなく、それをたしかめる方法も考えだした。「空気」が「水面をおす力」があるおかげで、ポンプを使って約10メートルの高さまで水をくみあげることができる。それならば、「比重《ひじゅう》（同じ体積でくらべた重さ）」が水の約13・5倍ある（つまり、それだけ重い）水銀《すいぎん》ではどうだろう。空気の力でささえることができる水銀《すいぎん》の柱の高さは、約74センチメートル（水のときの10メートルを、比重《ひじゅう》の13・5で割《わ》った高さ）にしかならないはずだ。トリチェリは、長いガラス管の片方《かたほう》をふさぎ、もう一方《いっぽう》の先端《せんたん》まで水銀《すいぎん》を満たした。そして、そのガラス管自体をべつの水銀《すいぎん》の入った容器《ようき》のなかに逆《さか》さまに立て、ガラス管の下の口からは水銀《すいぎん》が容器内《ようきない》に流れでるようにした。すると、ガラス管のなかに満たしておいた水銀《すいぎん》は適度《てきど》に流れでて、管内の液面《えきめん》は約76センチメートルの高さまで下がったのだ。このように、トリチェリは自分の理論《りろん》を実験でたしかめ、「気圧計《きあつけい》」も発明した。

10代のころから数学の天才として有名だったブレイズ・パスカルは、フランスでこのトリチェリの実験のことを知った。「空気の海」という考えかたから、パスカルはべつの実験を思いついた。海底から上へむかって泳ぐ魚は、だんだん水の圧力《あつりょく》が小さくなるのを感じるだろう。海の深いところのほうが上にたくさん水の重さがのしかかっていて、圧力《あつりょく》が大きいからだ。それならば、空気の海でも同じなのではないか。山に登ればしだいに空気の力《ちから》がへるので、気圧計《きあつけい》で測《はか》れば気圧《きあつ》が下がるのがわかるはずだ。そこで、パスカルの義《ぎ》理《り》の兄弟がフランス中央部にあるピュイ・ド・ドーム山へいき、この実験を慎重《しんちょう》におこなった。まず気圧計《きあつけい》を2台準備《じゅんび》し、1台は助手とともに山のふもとに残し、もう1台を山《さん》頂《ちょう》へ運んだ。すると、想定したとおり山頂《さんちょう》では気圧計《きあつけい》の水銀《すいぎん》の高さが約7・6センチメー

ブレイズ・パスカル
(1623～1662年)
フランスの数学者・物理学者・宗《しゅう》教《きょう》思《し》想《そう》家《か》。1640年代後半に、義《ぎ》理《り》の兄弟に手伝ってもらって、空気に重さがあることを実験でたしかめた。デカルトは、この実験は数年まえに自分がパスカルに提案《ていあん》したものだといった。

トル下がり、ふもとの気圧計《きあっけい》がしめす水銀《すいぎん》の高さには変化がなかった。

トリチェリとパスカルは、空気の海という考えかたがほんとうに正しいのかをたしかめるために、このようにていねいな実験をした。かれらは、実験結果をできるだけたしかなものにするために、正確《せいかく》な値《あたい》を測定《そくてい》しようと心がけた。こうした実験へのこだわりは、「新しい科学」にとって、もっとも大事なことだった。のちに記すように、ニュートンも自分の考えをたしかめるために細心の注意をはらい、正確《せいかく》な実験をおこなっている。

とはいえ、このように新しい思想家たちが自分たちの考えをたしかめる実験を心がけたのにたいして、アリストテレスを「実験をしない思想家」とかたづけてはいけない。たしかにアリストテレスは正確《せいかく》な実験などはしなかった。しかし、生物学の分野では細かい観察やくわしい研究を残しており、その手法は今日《こんにち》の博物学者がおこなう野外観察でも通用するものだった。かれの観察記録はとてもくわしく、ほかに類を見ないものだったので、ある種《しゅ》の海洋生物については、19世紀まで記述《きじゅつ》が改訂《かいてい》されなかったほどだ。

実験とは、ようするに、自然界のことに疑問《ぎもん》を感じたとき、その答えをさがすためのひとつの手助けだ。研究に値《あたい》する疑問《ぎもん》とはなにか、納得《なっとく》のいく答えとはなにか、その答えが正しいかどうかをたしかめる手段《しゅだん》とはどんなものか。それらは、わたしたちがどんな考えかたをあたりまえのこととして受けいれているかによって決まってくる。つまり、わたしたちの自然にたいする見方によって決まるのだ。たとえば、「自然」とは「ものが目的をめざして動き、生物が成熟《せいじゅく》したすがた――もっとも大切だと思われるすがた――をめざして育っていく傾向《けいこう》のことだ」と考えるならば、アリストテレスのように、もののなかに組みこまれている目的をさがすことが肝心《かんじん》になる。それが見つかれば、さがすこと自体は終わりになる。そして、正しいかどうかは、見つけたものが観察と一致《いっち》するかどうか、合理的で納得《なっとく》のいく答えだと感じられるかどうか、理屈《りくつ》がねじまがっていないかどうかをたしかめればいいということになる。

しかし、「新しい科学」は、まったくちがう考えかただった。デカルトは、「自然界は、自動的に動くものだ」といった。つまり、「自然」を生きて成長する有機物ととらえるのではなく、「機械のように考えて研究するべきだ」と。自然は、動いている物質《ぶっしつ》なのだ。物質《ぶっしつ》には、大きさ、形、構造《こうぞう》、動きなどの数学的特徴《すうがくてきとくちょう》がある。そして、たがいにぶつかったときだけ相手に影響《えいきょう》をおよぼすことがある。それを科学的に説明するには、「自然」を動いている物質《ぶっしつ》としてとらえ、数学的に記述《きじゅつ》しなくてはいけない。

デカルトは、植物も動物も人体も、とても精密《せいみつ》に組みたてられた「機械」だと考えた。太陽のまわりをまわりつづける地球や惑星《わくせい》は「天空の時計の部品なのだ」と。とすれば、その「機械」がどんな目的をはたそうとしているのかなどと考えるのは変だ。機械には、作り手があたえたもの以外の目的はないのだから。

機械の部品に価値《かち》のちがいはないはずだし、アリストテレスもいっているように、恒星《こうせい》や惑星《わくせい》がほかのすべてのものよりすぐれているわけでもない。回転運動が直線運動よりすぐれているということもない。

デカルトは、「物質《ぶっしつ》」と「運動」というふたつのものだけから、世界がどのようにして生まれたのかを考えようとした。まず神が物質《ぶっしつ》をつくり、それを大きなかたまりに分けると、そのかたまりどうしがこすれあうようになる。その後、神が「宇宙《うちゅう》」という機械がとまらないように宇宙《うちゅう》のなかの運動量を一定に保《たも》つと、すべてのことがらが機械的に生《しょう》じるようになる。たがいにこすれあっていた物質《ぶっしつ》は、やがて3つの基本的《きほんてき》な物質《ぶっしつ》を生みだす。まず、「もっとも細かい粒子《りゅうし》」は集まって太陽などの恒星《こうせい》になり、さらにそのまわりで巨《きょ》大《だい》な渦《うず》となってうずまく。つぎに、「それより少しあらく、丸い粒《つぶ》」がわたしたちの「空」を形づくる。さいごに、「あらく、形もふぞろいでゆっくり動く粒《つぶ》」が「地球、惑星《わくせい》、彗《すい》星《せい》」などになるというのだ。

デカルトは、「地球、惑星《わくせい》、彗星《すいせい》」の動きを渦《うず》の動きで説明しようとした。「地球の重力」も同じ方法で説明した。また、「宇宙《うちゅう》」はぎっしりとつまっているもので、空間もすべて物質《ぶっしつ》で満たされていると考えていた。石を投げあげると落ちてもどってくるのは、2番目の「少しあらい粒《つぶ》」の渦《うず》があるからだ。潮《しお》の満ち引き、磁力《じりょく》、動物の心臓《しんぞう》の鼓動《こどう》など、それまで神秘的《しんぴてき》でわけがわからなかったことについても、デカルトは同じように「渦《うず》」を使って説明した（渦動説《かどうせつ》）。

このように、デカルトの説明は独《どく》創的《そうてき》で細かいことまで述《の》べていたが、今日《こんにち》ではほとんど受けいれられていない。古い科学に代わって新しい方法をとりいれた科学を提案《ていあん》したデカルトだったが、「残念ながら、かれ自身の業績《ぎょうせき》は新しい科学というにはものたりない」と、かれの死後すぐ

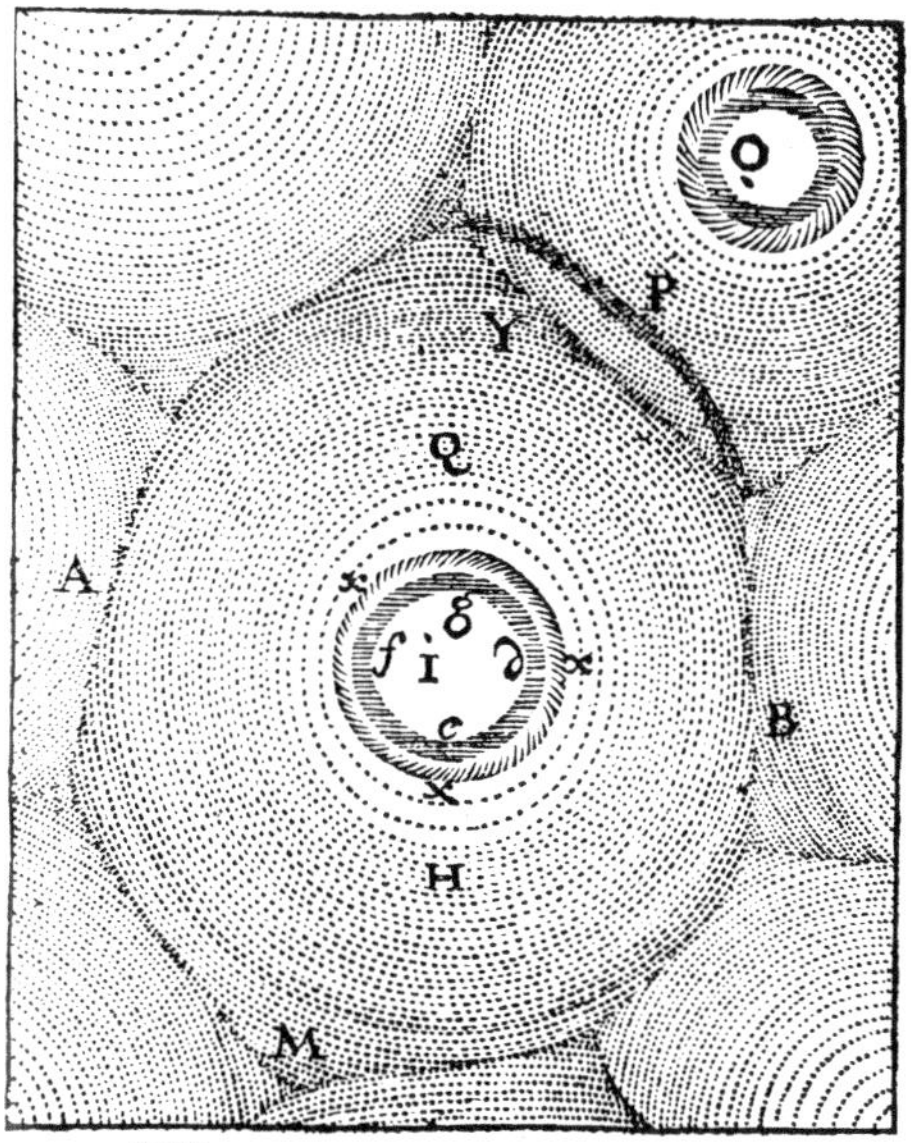

重力と惑星《わくせい》の動きを説明するためにデカルトが考えた宇宙《うちゅう》。ごく小さな物質《ぶっしつ》が渦《うず》をまいてまわっており、それぞれの渦《うず》の中心に恒星《こうせい》がある。かれは、回転している物質《ぶっしつ》が渦《うず》の中心にむかう圧力《あつりょく》が重力の正体だと考えていた。

に各方面から指摘《してき》されてしまったのだ。それでも、「人類のいちばんたしかな学問は数学だ」と論《ろん》じたのはデカルトだ。自然科学で見つけた知識《ちしき》を、ただの予想や推測《すいそく》以上のものにするためには、それを数学的にまとめる必要がある。数学との関連づけは、自然界を機械的なものととらえる考えかたによって可能《かのう》になった。デカルトによれば、物質《ぶっしつ》がほかの物質《ぶっしつ》に影響《えいきょう》をおよぼすのはたがいにぶつかったときだけなので、自然界で変化がおきるのは物質《ぶっしつ》が動いている証拠《しょうこ》だ。物質《ぶっしつ》がほかの物質《ぶっしつ》とぶつかったとき、なにがおこるか説明する数学的法則《すうがくてきほうそく》、すなわち「運動と衝突《しょうとつ》についての数学的法則《すうがくてきほうそく》」を使えば、自然界で起きるすべてのことを説明し、予測《よそく》できるはずなのだ。

デカルトが身近でかんたんに思いうかべられるものにたとえたおかげで、その考えかたが広く受けいれられたということもあるかもしれない。たとえば、「惑星《わくせい》の動き」は「渦《うず》にまきこまれるコルク」に、「光の反射《はんしゃ》」は「かたいものにぶつかって、はね返るテニスボール」に、そして「心臓《しんぞう》の動き」は「干《ほ》し草《くさ》から熱が発生すること」にたとえた。しかし、科学を数学的にまとめる必要があるという理想をもっていたにもかかわらず、デカルトが自分の理論《りろん》を数学的に裏《うら》づけすることはなかった。デカルトは、たとえ神が「物質《ぶっしつ》」と「運動」というふたつの原理だけで宇宙《うちゅう》を動かしているのだとしても、ふたつの原理の使われかたは数えきれないほどさまざまで、それによって科学の研究対象になるような現《げん》象《しょう》がひきおこされているのだと気づいていた。どんなしくみでそれぞれの現象《げんしょう》が起きるのかを知るには、「実験」をするしかない。しかし、デカルトは、かれの大胆《だいたん》な説を裏《うら》づける実験をほとんどおこなわなかった。

このように人がすぐに気づくような明らかな欠陥《けっかん》があったにもかかわらず、デカルトの思想のとりこになった人びとは気持ちが解放《かいほう》されて自由になった。そのなかには、たくさんの才能《さいのう》ある若者《わかもの》たちもいた。なぜ、デカルトはかれらの心にそれほどの影響《えいきょう》をおよぼしたのだろう。

デカルトが明確《めいかく》にくわしく説明した「機械的・数学的自然観」は、けっして、とつぜん完全な形であらわれてアリストテレスの考えに取って代わったわけではない。アリストテレスの考えかたは、中世《ちゅうせい》のころ、キリスト教とぶつからないようにうまく書きかえられていたが、14〜15世紀のルネッサンス期になるとさすがにつじつまが合わなくなっていた。ルネッサンス期の人びとは、思考と行動の手本として古代ギリシャ・ローマの文献《ぶんけん》を熱心に研究した。かれらは、聖職者《せいしょくしゃ》たちが来世《らいせ》だけを見すえてあみだした体系《たいけい》を軽蔑《けいべつ》していた。そして、16世紀になると、その体系《たいけい》の基礎《きそ》になっていたアリストテレスの考えかたも公然と批判《ひはん》されるようになった。とうとう、アリストテレスの考えかたは学問の決定版《けっていばん》ではなくなったのだ。

しかし、アリストテレスを時代おくれだと批判《ひはん》するのはいいが、それに取って代わる新しい考えかたを見いだすのは容易《ようい》ではなかった。アリストテレスの考えかたほど広範囲《こうはんい》にわたって統一性《とういっせい》のある、しかも高等教育の土台になりうる新しい考えかたは、なかなか見つからなかったからだ。代わりをどうするかという議論《ぎろん》は、果てしなくつづいた。

イギリスの詩人ジョン・ダンは、それまで長く定着していた考えかたをくつがえした者たちが地獄《じごく》の悪魔《あくま》とやりあっている場面を詩にえがいた（1611年）。かれがえがいたのは、ふたりの科学者、ポーランド人のコペルニクスとドイツ人のパラケルススだった。混乱《こんらん》した思想界から生まれたなかで、とくにおもしろい人物ふたりである。詩のなかでコペルニクスは、「この世界の枠組《わくぐ》み」をがらりと変えたので「自分は新たな創造主《そうぞうしゅ》といってもいいくらいだ」と述《の》べる。一方《いっぽう》、パラケルススはそれまでの医学をばかにし、「人を創《つく》りだすこと」だけでなく「不老不死《ふろうふし》」の研究にまでとりくんだ。

コペルニクスは、当時もっともすぐれた天文学者《てんもんがくしゃ》だった。かれは、おもな著書《ちょしょ》となった本のなかで、「地球と惑星《わくせい》が、太陽のまわりをまわっている」という画期的な考えを使って、天文学《てんもんがく》を単純明快《たんじゅんめいかい》な学問にしようとした（コペルニクス自身がこの本の初版本《しょはんぼん》を手にしたのは１５４３年、死の直前だったといわれている）。この考えかたを使えば天体のあらゆる動きの説明がつくと、コペルニクスは説《と》いた。かれは、それまでの天文学者《てんもんがくしゃ》が予言した太陽、月、惑星《わくせい》の動きをすべて計算しなおした。しかし、地動説にたいする物理的な反論《はんろん》――先にも述《の》べたように、古代ギリシャ時代から「地球上の物体が宇宙《うちゅう》にほうりだされてしまう」などの反論《はんろん》があった――には、はっきりとした答えを出していない。

コペルニクスがほんとうに受けいれ

フィリップス・アウレオールス・テオフラストゥス・ボンバストゥス・フォン・ホーエンハイム（1493～1541年）
ふつうは「パラケルスス」の名で知られている。スイス人で、高慢《こうまん》な錬金術師《れんきんじゅつし》。はじめて医学に化学をとりいれた人物。

ニコラス・コペルニクス
（1473～1543年）
太陽を中心においた宇宙《うちゅう》を考えた天文学者《てんもんがくしゃ》。かれの生前《せいぜん》につくられた版画《はんが》3枚《まい》のうちのひとつ。手にもっているスズランの花は、「謙虚《けんきょ》（つつましく、ひかえめなようす）」や「純粋《じゅんすい》」をあらわしている。

られたのは、新しい物理学が地球の自転と公転とを矛盾《むじゅん》なく説明するようになり、アリストテレスの考えかたに取って代わってからのことだった。

一方《いっぽう》、パラケルススのおこなった変革《へんかく》は、まったくべつのものだった。何世紀ものあいだ、錬金術師《れんきんじゅつし》たちは、金・銀以外のありふれた金属《きんぞく》（卑金属《ひきんぞく》）を、金《きん》に変えようとしてきた。かれらにとって、アリストテレスの考えかたは大きな支《ささ》えになっていた。アリストテレスがいうように、もしすべてのものが完全な形へとむかうのなら、土のなかで「育つ」金属《きんぞく》も、しだいに熟《じゅく》して金《きん》になるはずだからだ。錬金術師《れんきんじゅつし》は、パンやビールをつくるときに使う酵母《こうぼ》のように、金《きん》属《ぞく》になんらかの薬をくわえれば、はやく金《きん》にかわるのではないかと考えていた。

その夢《ゆめ》をかなえる薬は「賢者《けんじゃ》の石」とよばれ、やがてそれは「万能薬《ばんのうやく》」とも考えられるようになった。賢者《けんじゃ》の石で金属《きんぞく》の不完全さをとりのぞくことができるなら、

賢者《けんじゃ》の石とクロノス、ゼウス親子の神話

ギリシャ神話の神クロノスは、自分がたおした父ウラノスの、「将来《しょうらい》、おまえも自分の子どもに殺されるだろう」という呪《のろ》いを信じ、自分の子どもをすべてのみこんでしまった。それを悲しんだクロノスの妻《つま》レアは、ひそかにゼウスを産み、赤《あか》ん坊《ぼう》のかわりに大きな石を産着《うぶぎ》にくるんでクロノスにわたした。クロノスは、その石を赤《あか》ん坊《ぼう》だと思ってのみこんだのだ。この石こそ、錬金術師《れんきんじゅつし》が金《きん》をつくろうとして追いもとめる薬、また、不老不死《ふろうふし》の薬だともいわれる「賢者《けんじゃ》の石」だ。

ミヒャエル・マイヤーの版画集《はんがしゅう》『逃《に》げるアタランタ』より「サトゥルヌスの石」（1618年）。この銅版画《どうはんが》は、ギリシャ神話と錬金術《れんきんじゅつ》とを関連づける50枚《まい》のうちの1枚《まい》。クロノス（サトゥルヌス）が、自分の赤《あか》ん坊《ぼう》ゼウス（ユピテル）だと思ってのみこんだ石を吐《は》きだしているところ。もちろん、この石は錬金術師《れんきんじゅつし》たちがさがしもとめる「賢者《けんじゃ》の石」だ。ニュートンは、マイヤーの著作《ちょさく》を研究することにかなりの時間と労力を費やしていた。

人間の病気もとりのぞくのではないか。パラケルススのこうした考えのおかげで、錬金術《れんきんじゅつ》は、卑金属《ひきんぞく》から金《きん》をつくりだす方法を追いもとめることからはなれて、病気を化学的に治《ち》療《りょう》するほうへむかったのだ。かれは、フラスコや蒸留器《じょうりゅうき》のなかで沸騰《ふっとう》したり泡立《あわだ》ったりする化学反応《かがくはんのう》にもとづいて、身のまわりのすべてのことを解《と》きあかそうとした（錬金術師《れんきんじゅつし》が実験室で使っていたフラスコや蒸《じょう》留器《りゅうき》は、当時の形のまま、いまも使われている）。

パラケルススは、自然のことを知るには、アリストテレスの書物を読むのではなく、じっさいにやってみなくてはいけないと主張《しゅちょう》した。そして、見つけたことは人類の幸福のために役だてるべきだと。このような考えかたには、現代的《げんだいてき》なひびきがある。アリストテレ

「錬金術師《れんきんじゅつし》」

16世紀以後にジャン・ド・フリースがえがいた版画《はんが》。錬金術《れんきんじゅつ》や占星術《せんせいじゅつ》の古い本がおいてある祭壇《さいだん》のまえでひざまずく錬金術師《れんきんじゅつし》。棚《たな》やマントルピース（暖炉《だんろ》のまわりをおおう装飾部《そうしょくぶ》）には、フラスコや蒸留器《じょうりゅうき》がならぶ。机《つくえ》のうえにおいてある楽器は、錬金術《れんきんじゅつ》にとって音楽が大切だということをえがいている。

スやスコラ哲学者《てつがくしゃ》たちは、人間が論理的思考力《ろんりてきしこうりょく》だけで自然のなぞを解《と》きあかすことができると過信《かしん》していた。だから、このあとの時代に「新しい科学」がその重要性《じゅうようせい》をとなえる「よく調べ、実験すること」を、アリストテレスたちは無視《むし》したのだ。かれらにとって知識《ちしき》を得るということは、役にたつ発明や発見をするためではなく、自分たちのおどろきや好奇心《こうきしん》を満たすためだった。しかし、ルネッサンス期にアリストテレスへの信頼《しんらい》がゆらぐと、古い時代の「魔術《まじゅつ》」へもどる傾向《けいこう》があらわれた。たとえば「星が世界を支配《しはい》する」という考えもそのひとつだ。人には星の力をひきだす能力《のうりょく》があり、理屈《りくつ》だけでみちびかれるよりもっと深い知識《ちしき》を用いて奇跡《きせき》を起こすことができるというのだ。パラケルススの考えかたは、こうした魔力《まりょく》の信仰《しんこう》とも結びついていた。

アリストテレスが踏《ふ》みかためてきた道はもう古いと考えた人びとは、さまざまなべつの方法をさがしもとめた。1640年から1660年にかけてイギ

スコラ哲学《てつがく》

そもそも哲学《てつがく》というのは、古代ギリシャではじまった学問だ。アリストテレスなど当時の哲《てつ》学者《がくしゃ》たちは、自然をふくむ、身のまわりのすべてのことについて考え、解《と》きあかそうとしていた。その後11世紀になって、哲学《てつがく》とキリスト教の考えかたとが矛盾《むじゅん》しないよう配慮《はいりょ》しつつ、両者をくらべながら物事を考えようとあらわれた学問が、「スコラ哲学《てつがく》」だ。当時、おもに教会や修道院《しゅうどういん》で学ぶ学問だったので、学校（スクール）と同じ意味の「スコラ」と名づけられた。

リスで教会と国の古い制度《せいど》がくずれたとき、教育と社会制度《しゃかいせいど》をつくりかえようとする人びとのなかには、アリストテレスの科学をすててパラケルススの科学を大学にとりいれるように提案《ていあん》する人もいた。

こういう背景《はいけい》を考えれば、デカルトが広く受けいれられた理由もわかるだろう。デカルトは、アリストテレス学派《がくは》とスコラ学派《がくは》のもつれあった思想の森をきりひらいていったが、神秘主義《しんぴしゅぎ》のうす明かりにたよることはなかった。デカルトは、それまでアリストテレスが述《の》べていた自然界のことすべてを「機械じかけ」として説明した。それは、デカルトの説明の良《よ》し悪《あ》しにかかわらず、ほかの科学者たちにとって「自然界の現象《げんしょう》を説明する新たな方法がある」という希望をあたえた。

4 光と色　ニュートンの科学界デビュー

この時代の才能《さいのう》ある若者《わかもの》たちと同じように、ニュートンもデカルトの考えかたを学び、そこから見えてくる新しい世界のすがたにわくわくしていた。かれには科学がたまらなくおもしろい冒険《ぼうけん》の世界のように見え、そこで自分の力を発揮《はっき》したくなったのだ。その一方《いっぽう》で、デカルトの理論《りろん》に不十分なところがあることも見ぬいていた。デカルトは理論《りろん》に数学的裏《うら》づけを求めているにもかかわらず、自分の理論《りろん》にはそれがなかった。そのうえ、実験による証明《しょうめい》もしていなかった。

ニュートンは、学生時代のノートに「永久機関《えいきゅうきかん》」（永久《えいきゅう》に動きつづける装置《そうち》）の図をえがいている。かれは、その永久機関《えいきゅうきかん》が動きつづけるしくみを、渦《うず》のように動く小さな粒《つぶ》がおすからだと、デカルトの渦動説《かどうせつ》（44～45ページ参照）という考えかたを使って説明している。デカルトは、潮《しお》の満ち引きもこの小さな粒《つぶ》がおしているせいだと述《の》べているが、ニュートンは、その説明では現実《げんじつ》とつじつまが合わないと否定《ひてい》している。

物質《ぶっしつ》や運動についての新しい物理学を単なる夢《ゆめ》に終わらせないために、ニュートンは卒業後すぐ基本的《きほんてき》な問題にとりくんだ。従来《じゅうらい》の力学《りきがく》では、自然界の動きを物体の位置と動きの変化で説明してきた。それならば、その変化のしかたを数学的な計算で求める方法があるのではないか。ここで重要な問題は、「あるひとつの量がもうひとつの量と関連して変化するとき、その変化の速さをどうすれば測定《そくてい》できるか」だった。たとえば、左ページのグラフのように「速度」は時間にたいして距離《きょり》が変化する割合《わりあい》なので、進んだ「距離《きょり》」を、進むのにかかった「時間」で割《わ》った値《あたい》になる。同じ速度で進む場合（等速直線運動＝87ページのコラム参照）ならばかんたんに計算できるが、速度も時間とともに変化する加速度運動の場合には、どうすればよいだろう（速度が増加《ぞうか》する速さを「加速度」という）。ここでニュートンは天才的な数学の才能《さいのう》を発揮《はっき》し、いまでは「微分積分法《びぶんせきぶんほう》」として知られている計算方法の基礎《きそ》をつくりあげた。これは物理学にとって最強の数学的手法になった。「微分法《びぶんほう》」を使えば、ふたつの量（たとえば、時間と距離《きょり》）の関係から、ある瞬間《しゅんかん》にどのくらいの速度で動いているのか、さらにそのときの加速度はどのくらいなのかを計算できる。一方《いっぽう》、たし算の反対がひき算なのと同じく、「積分《せきぶん》」は「微分《びぶん》」の反対の計算方法だ。

だから、「積分法《せきぶんほう》」を使えば、そのときどきの瞬間《しゅんかん》の速度から全体の量（走った距離《きょり》×時間）を計算することができるのだ。微分法《びぶんほう》は、とても短い瞬間《しゅんかん》に起こったことをかんたんに計算する方法であり、積分法《せきぶんほう》は、そのときどきの瞬間《しゅんかん》に起こったことから全体に起きたことを計算する方法といえる。

実験におけるニュートンの器用さと正確《せいかく》さは、かれが科学の舞台《ぶたい》へ登場し、科学界をわかせた「光と色に関する論文《ろんぶん》」で発揮《はっき》された。こうした特質《とくしつ》すべてが、かれの最高の発見（万有引力《ばんゆういんりょく》の法則《ほうそく》）をみちびいた。これによって、ガリレオとデカルトにも影響《えいきょう》をあたえたコペルニクスと矛盾《むじゅん》しない物理学をつくりあげるという夢《ゆめ》が実現《じつげん》することになる。

これらの画期的な発見の基礎《きそ》は、ロンドンでペストが大流行し、大火事《おおかじ》があった2年のあいだ（1665～1666年）につくられた。ニュートンは、学校の教育や教師《きょうし》にはほとんどたよっていなかったようだ。かれは、もっぱら独学《どくがく》で

〈加速度運動〉

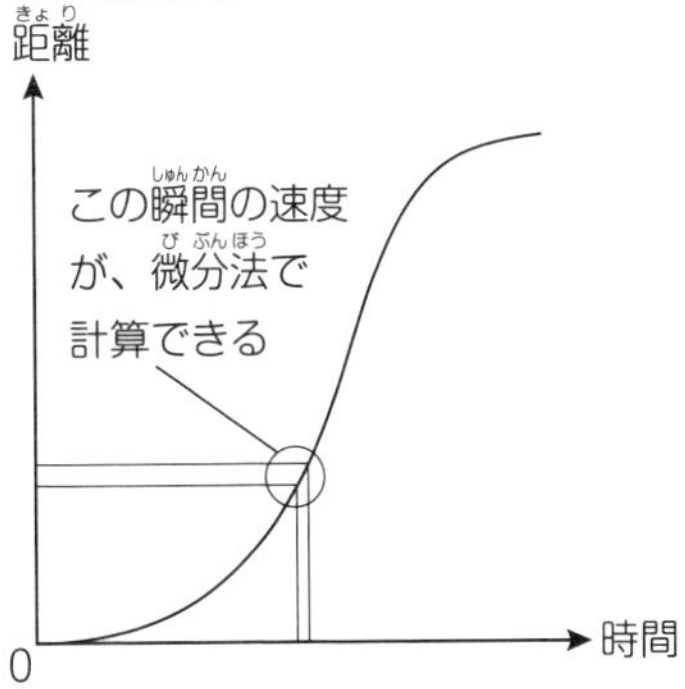

瞬間《しゅんかん》の速度＝わずかな距離《きょり》の差／わずかな時間差

〈等速直線運動〉

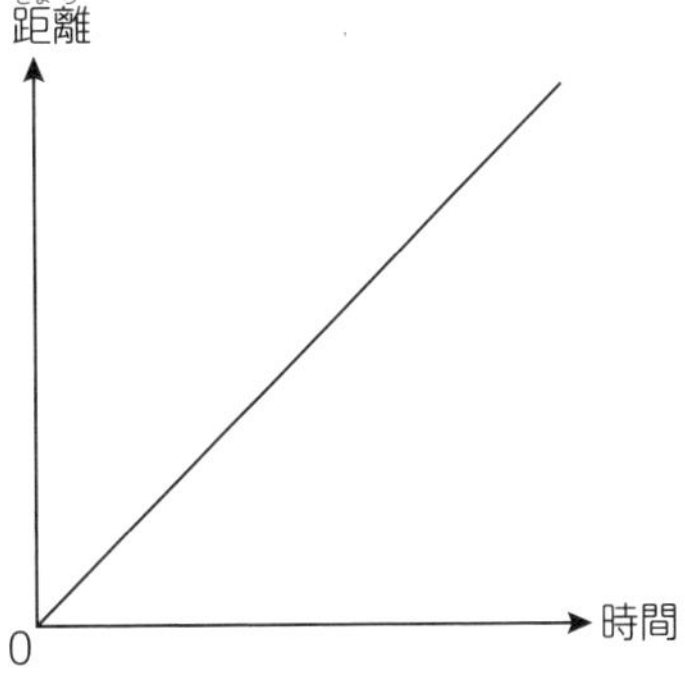

速度＝距離《きょり》／時間

いろいろなことを学んだ。その当時の大学教育はいいかげんだった。大多数のフェロー（大学から研究費をもらうことができる特別研究員）は、王室への奉仕《ほうし》にたいする報酬《ほうしゅう》としてその職《しょく》に任命《にんめい》された人たちか、聖職《せいしょく》などもっといい職《しょく》につくのを待っている人たちだった。

ニュートンは、ペストの流行が終わってケンブリッジへもどった直後にフェローになった。かれの業績《ぎょうせき》は、ケンブリッジ大学のルーカス教授《きょうじゅ》（ケンブリッジ大学でもっとも権威《けんい》のある数学講座《すうがくこうざ》の教授《きょうじゅ》）であり学内の有力者のひとりだったアイザック・バローから賞賛《しょうさん》された。バローは、光学《こうがく》の講義録《こうぎろく》をまとめるさいの校正をニュートンにたのみ、ロンドンにいる自分の友人たちには手紙でニュートンの仕事ぶりをほめた。ニュートンは間もなく、バローの後継者《こうけいしゃ》として数学のルーカス教授職《きょうじゅしょく》に選ばれた。

このころ、ニュートンが反射望遠鏡《はんしゃぼうえんきょう》をつくったといううわさが、**王立協会**にも伝わった。そこでニュートンは王立協会に望遠鏡を贈《おく》った。それは大評判《だいひょうばん》になった。チャールズ2世も反射望遠鏡《はんしゃぼうえんきょう》をのぞいてみたといわれている。ニュートンはその後すぐに王立協会の会

アイザック・バロー
（1630～1677年）

王立協会

1660年創立《そうりつ》の科学者の団体。2年後に国王チャールズ2世の許可《きょか》も得る。「王立」という名前はついているが、王が設立《せつりつ》した団体ではなく、王からの資《し》金援助《きんえんじょ》も受けていない。現在《げんざい》も活動しており、イギリスでもっとも古く権威《けんい》がある団体。設立《せつりつ》メンバーには、クリストファー・レン（60ページ参照）やロバート・フックらもふくまれている。アイザック・ニュートンは、光と色についての業績《ぎょうせき》がみとめられて1672年に会員に選ばれた。当時、会員に選ばれることは、とても名誉《めいよ》なことだった。ニュートンは、60歳《さい》から84歳《さい》で亡《な》くなるまで（1703年〜1727年）、12代目の会長職《かいちょうしょく》を務《つと》めた。

オックスフォード大学の学寮《がくりょう》のひとつ、ウォダム・カレッジ。クロムウェルの義理《ぎり》の兄弟であるジョン・ウィルキンスは、1648年に学長に任命《にんめい》されたのち、科学者を一堂に集めた。その活動のおかげで、1662年にはチャールズ2世に学会設立《がっかいせつりつ》の許可《きょか》をもらった。こうしてできたのが「自然科学振興《しぜんかがくしんこう》のための学長・協議会・会員による王立協会」、略《りゃく》して「王立協会」だ。

王立協会創立当時の会員のなかでもっとも著名《ちょめい》だったロバート・ボイル（左）とサー・クリストファー・レン（右）。ボイル（1627～1691年）は多才な人物で、物理・化学・医学などすべての分野で能力《のうりょく》を発揮《はっき》した。かれの業績《ぎょうせき》でいちばん有名なのは、空気の性質《せいしつ》についての研究だ。光・色・錬金術《れんきんじゅつ》については、ニュートンとはことなる意見をもっていた。レン（1632～1723年）は建築家《けんちくか》で天文学者《てんもんがくしゃ》。セント・ポール大聖堂《だいせいどう》を設計《せっけい》したことで有名。

グレシャム・カレッジ

1710年にフリート街（115ページ参照）にひっこすまで、ここで王立協会の会合がおこなわれた。クリストファー・レンは、1657～1661年のあいだここで天文《てんもん》学《がく》の教授《きょうじゅ》をつとめた。

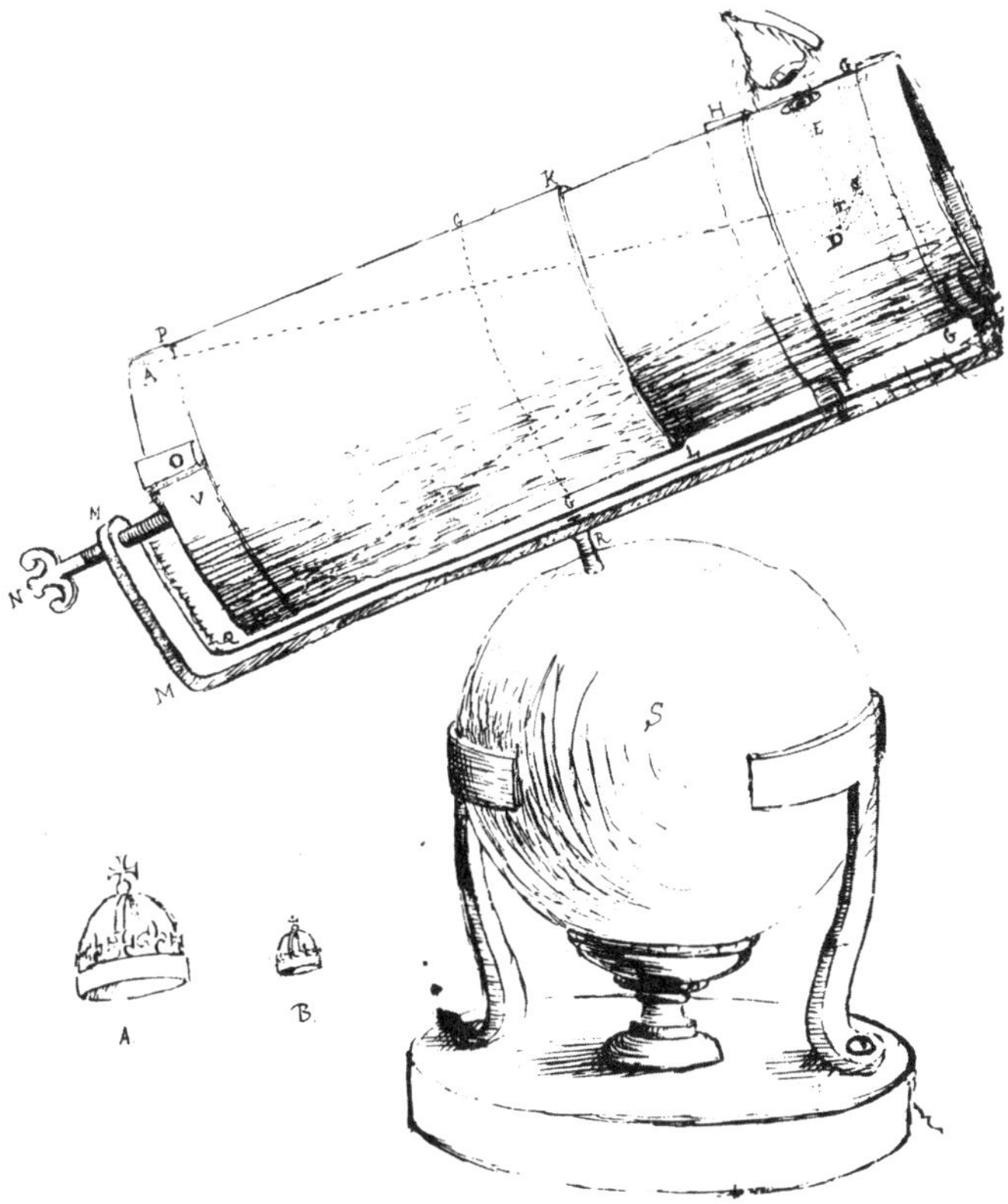

1668年にニュートン自身がかいた反射望遠鏡《はんしゃぼうえんきょう》の設計図《せっけいず》。1671年、ニュートンはこれと同様のものを王立協会に寄贈《きぞう》した。

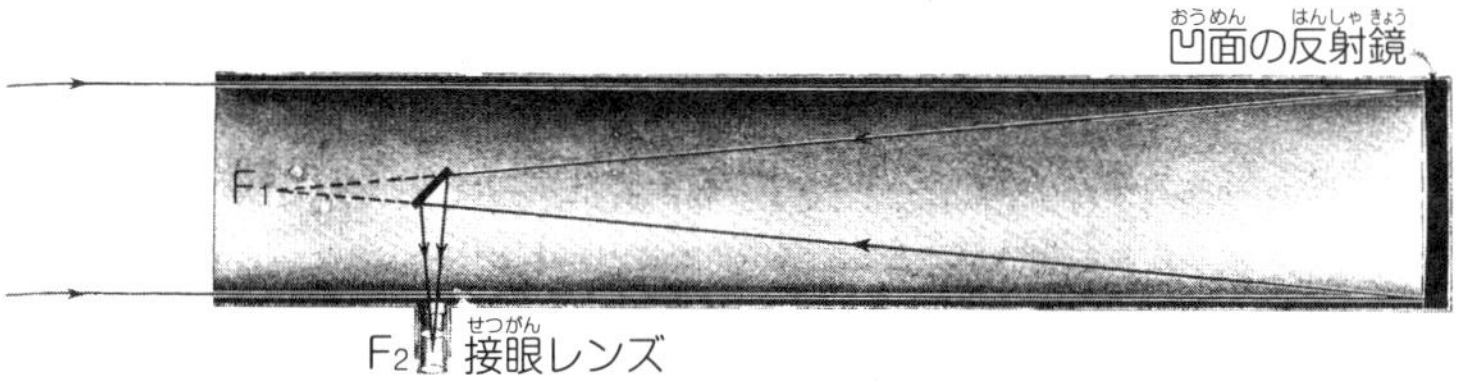

ニュートンの反射望遠鏡《はんしゃぼうえんきょう》の図

どの色も反射《はんしゃ》の法則《ほうそく》は同じなので、色収差《いろしゅうさ》（色のずれ）がほとんどない。接眼《せつがん》レンズの部分でほんの少し色のずれが見られる程度《ていど》だ。

員に選ばれた。

　ニュートンは、王立協会の評価《ひょうか》によろこんだ。王立協会の事務局長ヘンリー・オルデンバーグへの手紙に、「望遠鏡よりはるかにすばらしい贈《おく》り物《もの》がある」と明かしている。それは、望遠鏡の作製《さくせい》を成功にみちびいた、光と色についてのまったく新しい理論《りろん》だった。ニュートンは、その発見がいかに重要かわかっていて、それを「自然界の働きのなかでもっとも重要なものとまではいかないが、もっともきみょうな発見」とよんだ。

　ニュートンが数週間後に送った短い論文《ろんぶん》は、科学史のなかでも、もっとも有名な文書のひとつだ。冒頭《ぼうとう》の部分が、その雰囲気《ふんいき》を伝えている。

トリニティー・カレッジ：ネヴィルの中庭と図書館
この図書館は、1676年にアイザック・バローの基金《ききん》によって建てられた。バローは、ルーカス講座《こうざ》（ケンブリッジ大学でもっとも権威《けんい》のある数学講座《すうがくこうざ》）の教授《きょうじゅ》。

「先日お話しした約束を守るために、形式にとらわれずご報告《ほうこく》します。1666年のはじめ（そのころ、わたしは光学《こうがく》ガラスを球面以外の形に研磨《けんま》することに専念《せんねん》していました）、わたしは、よく知られた「色の現象《げんしょう》」を検証《けんしょう》するために、三角形のガラスプリズムを手に入れました。わたしの部屋を暗くし、ちょうどよい量の太陽光を部屋に入れるために雨戸に小さな穴《あな》をあけ、穴《あな》のところにプリズムをおけば、反対側のかべに像《ぞう》がうつるはずです。こうしてできたあざやかで強烈《きょうれつ》な色を、最初はながめて楽しんでいましたが、その後、これらの色についてじっくり考えてみたところ、とてもおどろくべきことがわかったのです……」

ここから、話はふたたびデカルトにもどる。デカルトは、はじめて出版《しゅっぱん》された本のなかで、「光の問題」を、かれの新しい方法論《ほうほうろん》で試験的に説明している。古代においても、光学《こうがく》は数学的に説明しやすい科学だとわかっていた。さらに、古代から中世《ちゅうせい》にかけての学者たちは、光の問題にとりくむときに、「光線」をかたいものにぶつかるボールのように考えれば便利だということを見つけた。こうした光の特徴《とくちょう》は、デカルトのめざしていることに打ってつけだったのだ。「光線」をかたい面にぶつかるテニスボールと同じように考え、

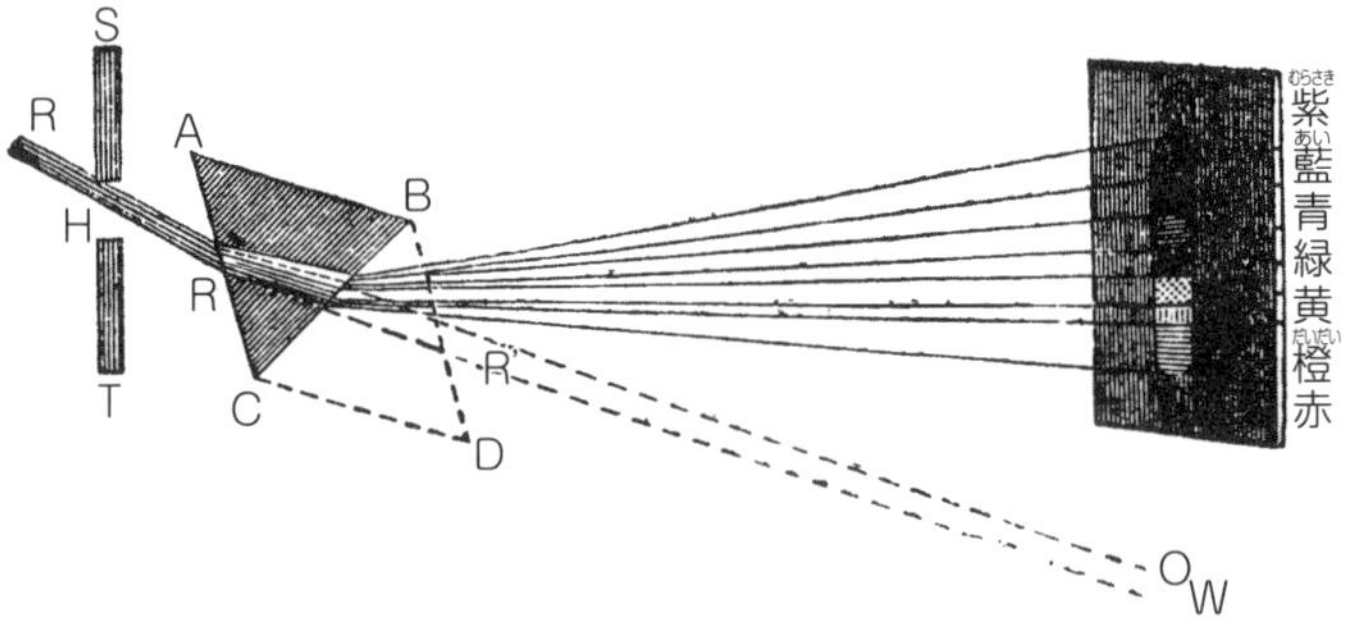

ニュートンのおこなったプリズムの実験。白色光《はくしょくこう》にふくまれている色が、プリズムによって分かれている。

自分の部屋で「光」を研究するニュートン

「屈折《くっせつ》の正弦法則《せいげんほうそく》」をみちびき、発表した。そして、虹《にじ》ができるしくみも説明した。

デカルトは、「光」が小さな固体の粒《つぶ》でできているとは信じていなかった。光は「太陽や星の本体を構成《こうせい》する発光物質《はっこうぶっしつ》のエーテルが伝える、圧力《あつりょく》のようなものだ」と考えていた。その圧力《あつりょく》には、通常《つうじょう》の「力学《りきがく》の法則《ほうそく》」が応用《おうよう》できる。では、色はどのように説明すればいいのだろう。「新しい科学」では、色、味覚、臭覚《しゅうかく》、触覚《しょっかく》のような感覚は、物質《ぶっしつ》の基本《きほん》的《てき》な数学的特徴《すうがくてきとくちょう》で説明できると考えていた。デカルトは、「エーテルの粒《つぶ》が、ななめから物体にぶつかって回転をはじめ、それが目の神経《しんけい》にぶつかることで色が見えるのだ」といった。そして、回転速度がちがうと色が変わると考えた。

光学《こうがく》が新たな関心をよんだ理由のひとつは、望遠

屈折《くっせつ》の正弦法則《せいげんほうそく》

光が「空気中」から「水中」にさしこむときなど、2種類のことなる物質《ぶっしつ》のなかを光が進むとき、光は、そのふたつの物質《ぶっしつ》の境界面《きょうかいめん》で、進む方向が変わる。この現象《げんしょう》を「屈折《くっせつ》」という。「屈折《くっせつ》の正弦法則《せいげんほうそく》」というのは、2種類の物《ぶっ》質《しつ》がなにかが決まれば、左の図のAB／A'B'の値《あたい》はいつも同じになるという法則《ほうそく》。AB／A'B'は「屈折率《くっせつりつ》」という。

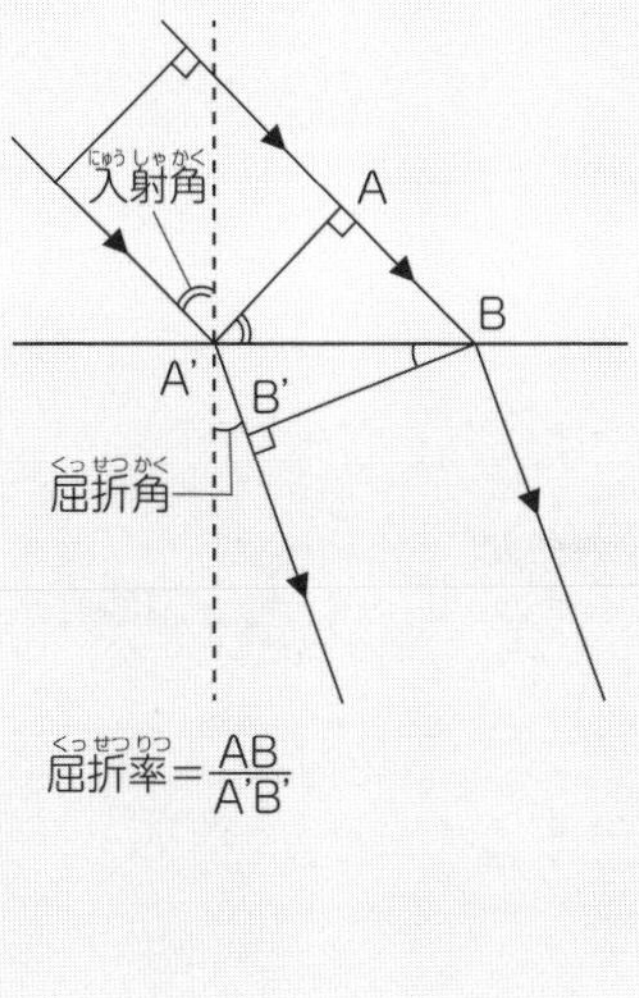

屈折率《くっせつりつ》$=\frac{AB}{A'B'}$

鏡の改良だ。ガリレオは、望遠鏡が発明されたという話を聞いて、１６０９年ごろに自分でも望遠鏡をつくった。その望遠鏡は、遠くの物体の像《ぞう》を結ばせるための対物《たいぶつ》レンズと、結ばれた像《ぞう》を拡大《かくだい》するための接眼《せつがん》レンズからできていた。ガリレオは、自作の望遠鏡を空にむけて、おどろくべきいくつかの発見をした。それは、コペルニクスの説を裏《うら》づけるものだった。

デカルトは、望遠鏡の改良をはばむさまざまな課題について研究していた。なかでもいちばんの課題が、いまでは「球面収差《きゅうめんしゅうさ》」として知られる現象《げんしょう》だ。球面収差《きゅうめんしゅうさ》とは、レンズの上端《じょうたん》と下端《かたん》を通る光線が、ほかの光線とは少し焦点《しょうてん》がずれるために像《ぞう》がぼやける現象《げんしょう》のことだ。デカルトは、それを解決《かいけつ》するため、球面ではない形にレンズを研磨《けんま》することを提案《ていあん》した。そのためニュートンは、１６６６年ごろ「球以外の形に」レンズをみがくという、不可能《ふかのう》に近い作業に没頭《ぼっとう》していた。

プリズムの実験をしたときにニュートンが最初におどろいたのは、かべにうつった像《ぞう》の形だった。たての長さが横の約５倍もある長方形だったからだ（かれは、太

ガリレオの望遠鏡。ガリレオは、新しく発明された望遠鏡を、1609年に天文観測《てんもんかんそく》に利用した最初の人だ。そして、月の山、肉眼《にくがん》では見えない多くの星、木星のまわりには4個《こ》の衛星《えいせい》がまわっていることを見つけた。

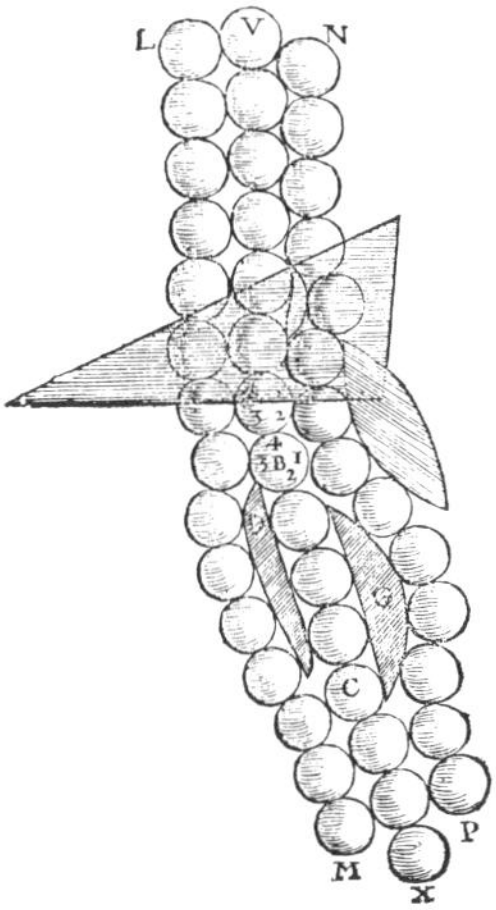

デカルトも、ニュートンと同じように「球面《きゅうめん》収差《しゅうさ》」をなくすためにはどんな形のレンズがいいのかをつきとめようとしていた。デカルトの解答《かいとう》は数学的にたいへんすぐれたもので、ウィレブロード・スネル（1591〜1626年）が1621年に発見した「屈折《くっせつ》の正弦法則《せいげんほうそく》」にもとづいていた。この法則《ほうそく》は、デカルトが著書《ちょしょ》『屈折光学《くっせつこうがく》』（1637年出版《しゅっぱん》）のなかではじめて発表している。絵は、光がプリズムと丸いレンズを通過《つうか》するときのようす。丸い粒《つぶ》は、デカルトが考えた「エーテルの粒子《りゅうし》」をあらわしている。

1671年のレンズ研磨《けんま》機。デカルトは球面収差《きゅうめんしゅうさ》を解決《かいけつ》する方法を見つけていたが、17世紀の研磨《けんま》機はあまりにも性能《せいのう》が悪く、かれが必要とした非《ひ》球面《きゅうめん》の形を、自由自在《じゆうじざい》に、かつ正確《せいかく》に研磨《けんま》することはできなかった。

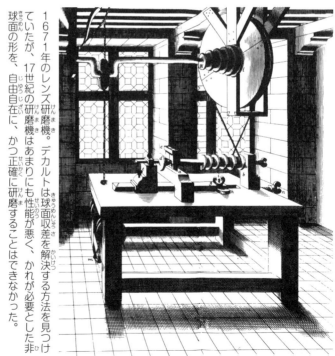

陽の形のような円形の像《ぞう》になると予想していた）。長方形になる原因《げんいん》をさぐろうと、ニュートンは慎重《しんちょう》に実験を重ねた。

まず、ガラスの厚《あつ》みが実験結果に影響《えいきょう》するかどうかをたしかめるために、プリズムのいろいろな部分に光線を通してみた。像《ぞう》の形は同じままだった。つぎに、光線がガラスのキズなどによって散乱《さんらん》されたのではないことを確認《かくにん》するために、最初のプリズムのうしろに、もうひとつのプリズムを逆《さか》さまにしておいた。こうすれば、プリズムが三角形をしているせいで光線に生《しょう》じた変化は、もとにもどるはずだ。だが、もしも像《ぞう》の変化がガラスのキズのためならば、変化はさらに大きくなるだろう。つまり、像《ぞう》の形はさらに長い長方形になり、色はもっと大きく分かれるはずだ。しかし、じっさいには、まるで光線がプリズムを通過《つうか》しなかったかのように、像《ぞう》はふたたび丸くなった。

丸い太陽のさまざまな部分から来る光線がプリズムにさまざまな角度であたると、像《ぞう》の形が長方形になるのだろうか？　くわしく計算した結果、太陽からの光線の角度のせいで像《ぞう》が大きな角度に広がるはずはないとわかった。では、光線がプリズムから出たあとに直線ではなく曲線をえがいて動いているのだろうか。これはデカルトの考えと強い関連のあることなのだが、ニュートンは、ラケットの面をななめにして打ったテニスボールは曲線をえがいてとんでいくことを思い出したのだ。そして、プリズムからさまざまな距離《きょり》においた板に像《ぞう》をうつす実験をしてみた。その結果、光線は曲線をえがくことはなく、直線的にしか進まないということを証明《しょうめい》した。

光線が曲線をえがいて進むという可能性《かのうせい》を実験で否定《ひてい》してから、ついにニュートンは「決定実験」と名づけた実験をおこなった。

まずは、プリズムのうしろに小さな穴《あな》をあけた板を固定した。そして、約3・5メートルはなれたところに小さな穴《あな》をあけたべつの板を固定し、そのうしろに第2のプリズムをおいた。

まえのプリズムに光線を通し、このプリズムを回転させて2番目の板にうつる色の縞《しま》の位置を調節し、板の小さな穴《あな》から、単色の光線だけが2番目のプリズムを通過《つうか》するようにした。

ニュートンは、単色光にするとどの色も2番目のプリズムを通ったあとに色が変化しないことに気づいた。また、最初の画像《がぞう》（64ページ上の図）で上（紫《むらさき》に近いほう）にうつった色のほうが、下（赤に近いほう）にうつった色より2番目のプリズムで大きく屈折《くっせつ》することがわかった。

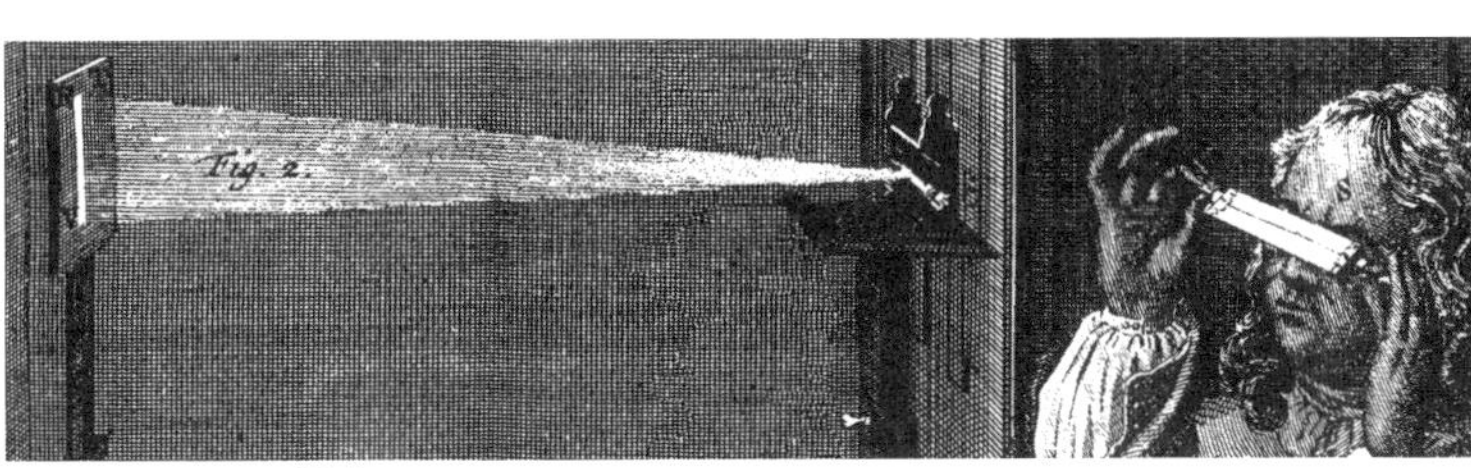

光がプリズムを通過《つうか》したときにあらわれた色を第2のプリズムを通して見ても、それ以上は分かれないことをしめす実験。1747年の版画《はんが》より。

これを見たニュートンは、古代の哲学者《てつがくしゃ》だけでなく、バローなど仲間の科学者たちが考えていたこととも まったくちがう、色についての革命的《かくめいてき》な結論《けつろん》にたどりついた。「像《ぞう》が長くなるほんとうの原因《げんいん》は、光が、屈折率《くっせつりつ》のちがうたくさんの光線の集まりでできているということだ。それぞれの屈折率《くっせつりつ》に応《おう》じた場所に光が分かれて像《ぞう》を結んだのだ」と。

それまでの色に関するほとんどの理論《りろん》では、「色は、光と影《かげ》がまざりあってできる」と考えられていた。ニュートンはこれを否定《ひてい》し、「白色光《はくしょくこう》そのものが、色のまざりあったものなのだ。プリズムを通すと色が見えるのは、白色光《はくしょくこう》にいろいろな量の影《かげ》がまざったからではない。プリズムは単に白色光《はくしょくこう》がも

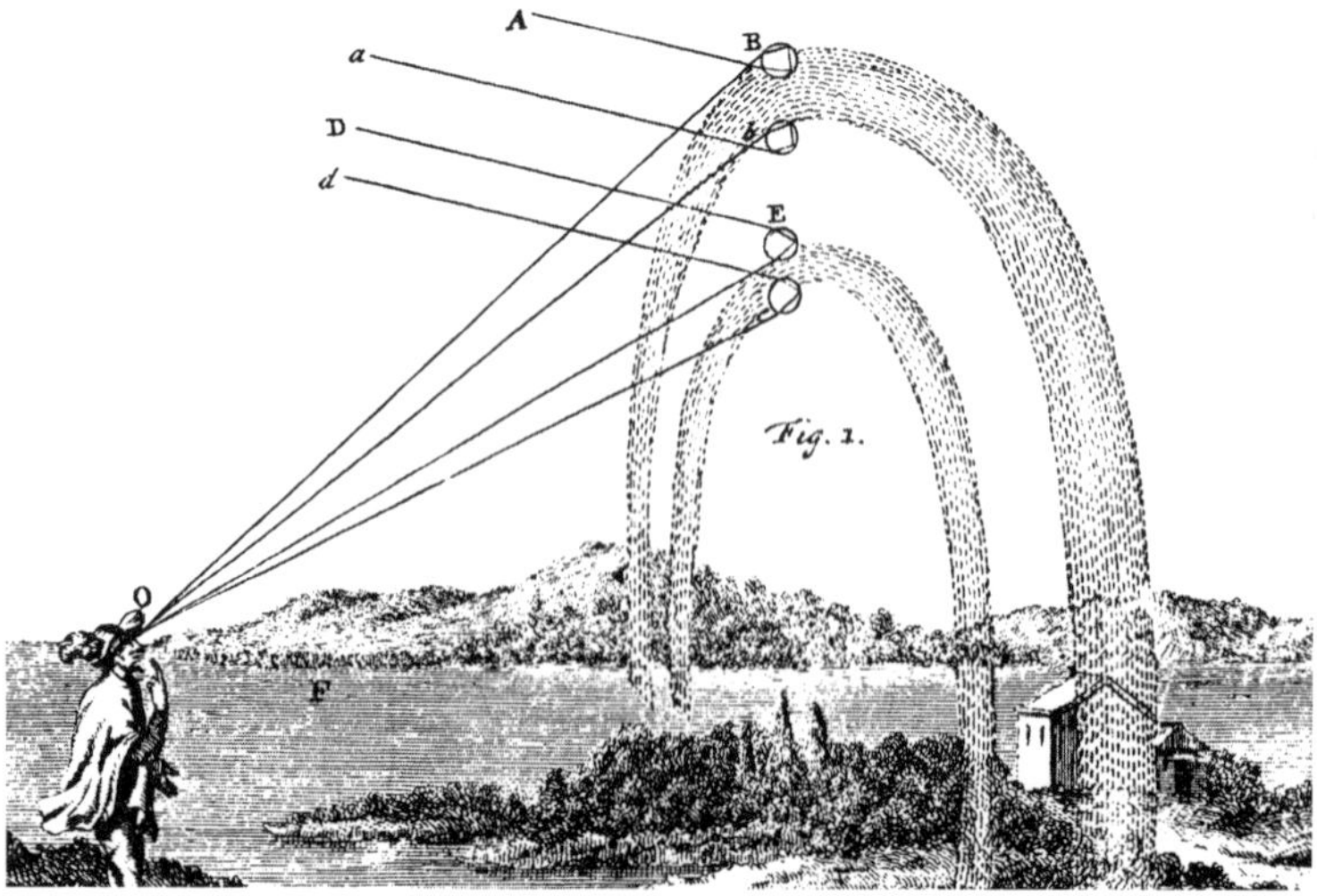

デカルトも虹《にじ》がどうしてできるのかを説明しようとしていたが、「虹《にじ》の色は屈折《くっせつ》によるものだ」という完ぺきな説明をしたのは、ニュートンだった。この絵は、ニュートンの理論《りろん》を述《の》べた普及版《ふきゅうばん》の本（1747年に出版《しゅっぱん》）より。

ともともつ色を分けているだけだ。物体に色がついて見えるのは、その物体が1種類の色の光をほかの色よりたくさん反射《はんしゃ》しているからなのだ」といった。

この結論《けつろん》により、ニュートンは「レンズの改良作業」をあきらめた。現在《げんざい》わたしたちが「色収差《いろしゅうさ》」（ガラスなどのレンズを通したときにできる像《ぞう》の色のずれ）とよんでいるものこそ、望遠鏡にとっていちばんの欠点だとわかったからだ。白色光《はくしょくこう》が「屈折率《くっせつりつ》のことなる光線」があわさったものである以上、対物《たいぶつ》レンズを通った光線すべてがひとつの焦点《しょうてん》へ集まることはありえない。ひとつの焦点《しょうてん》に集まらなかった像《ぞう》は、どうしてもまわりにあいまいな色がついて輪郭《りんかく》がぼやける。一方《いっぽう》、反射光《はんしゃこう》ではこの問題は起こらないのだ。

ところが、この時点でニュートンは、研究を中断《ちゅうだん》しなければならなかった。ペストが流行し、ケンブリッジをはなれなくてはならなかったからだ。研究を再開《さいかい》したのはそれから2年後で、凹面鏡《おうめんきょう》を用いた反射望遠鏡《はんしゃぼうえんきょう》をつくり、色収差《いろしゅうさ》の問題を解決しようとした。

事実を発見してから、その理由を解明《かいめい》するためにニュートンがおこなったことは、科学的手法のお手本ともいえるものだ。ニュートンは最初、仮説《かせつ》をたてずに、太陽光線がプリズムを通過《つうか》するさいの現象《げんしょう》のみを記録した。そして、その結果から生じた疑問《ぎもん》にたいする答えを考え、注意深く実験でたしかめた。そして最終的には「決定実験」をおこない、裏《うら》

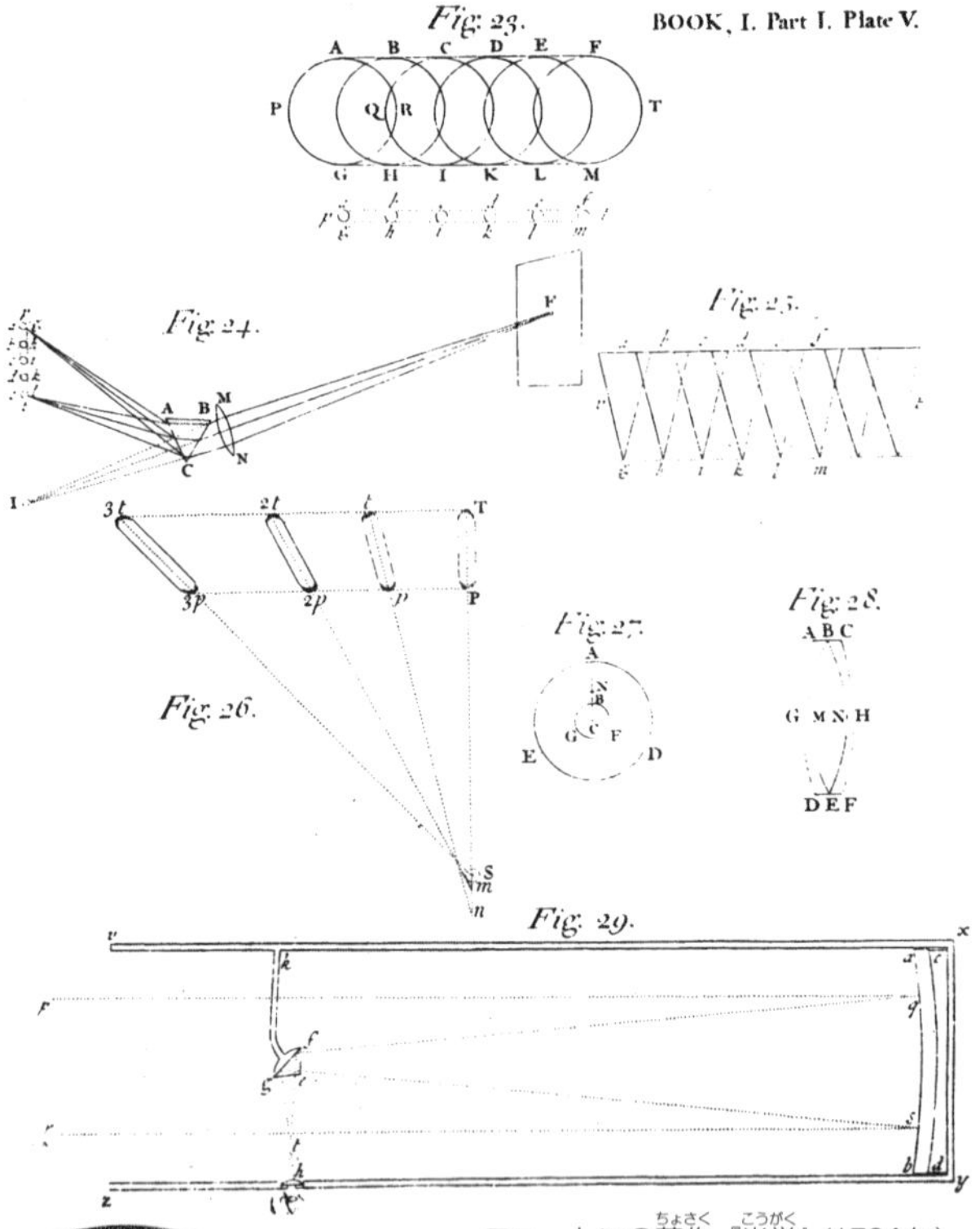

ニュートンの著作《ちょさく》『光学《こうがく》』(1704年)
のさし絵より。

王立天文台《おうりつてんもんだい》（グリニッジ）
にある、ニュートンの胸像《きょうぞう》。

づけが取れたことを結論《けつろん》としてしめした。

しかし、ニュートンの説明は、どんな発見をしたのかを時間を追って報告《ほうこく》するというよりも、理論《りろん》を上手《じょうず》にまとめて解説《かいせつ》したものだった。じっさいには、かれは思案をくりかえし、少なくとも1年半にわたってこの問題にとりくんだ。かれの学生時代初期のメモには、デカルトの「光はエーテルの圧力《あつりょく》だ」という理論《りろん》を否定《ひてい》する根拠《こんきょ》がたくさん書きのこされている。もっとも、ニュートンも基本的《きほんてき》には「光は物質《ぶっしつ》の粒《つぶ》でできている」と考えていた。その考えと、「プリズムを通して白色光《はくしょくこう》を見ると、それぞれの色がことなった角度で屈折《くっせつ》する」という発見とを考えあわせたおかげで、「白色光《はくしょくこう》が、色のついた光線のあわさったものだ」と見ぬくことができたのではないだろうか。いずれにせよこの発見にいたる道は、ニュートンが簡潔《かんけつ》に説明した内容《ないよう》とは対象的に、曲がりくねったものだった。かれは、いままであった理論《りろん》をきびしく批判的《ひはんてき》に見直すと同時に、大胆《だいたん》な考察と注意深い実験をおこなったのだ。

ニュートンの論文《ろんぶん》を受けとった王立協会は大さわぎになった。その結果、ニュートンははげしい論争《ろんそう》にまきこまれ、すっかり嫌気《いやけ》がさしてしまった。せっかく偉大《いだい》な発見を世に公表したのに、自分が誤解《ごかい》されただけだったからだ。かれは、「まぼろしを追いかけることで、静けさを手ばなしてしまった」のだ。

ニュートンに批判的《ひはんてき》な科学者たちも、色ごとに屈折《くっせつ》のしかたがちがうことが明らかになり、それが光学《こうがく》をおおいに前進させたことはみとめた。しかし、白色光《はくしょくこう》にさまざまな色がふくまれているという結論《けつろん》については疑問《ぎもん》を投げかけた。ロバート・フックは、光が多数の「振動《しんどう》」でできており、それぞれの振動《しんどう》はプリズムを通って分離《ぶんり》するとちがう色をしめすと考えた。デカルトの偉大《いだい》な信奉者《しんぽうしゃ》だったオランダ人のクリスティアーン・ホイヘンスは、のちにフックの考えかたをふまえて、フックのものよりずっとわかりやすい「波動《はどう》理論《りろん》」を発表した。

ニュートンは、かれに批判的《ひはんてき》な科学者たちに反論《はんろん》して、自分が実験結果から得た発見と相手の理論《りろん》との矛盾点《むじゅんてん》を、根気よく指摘《してき》した。しかし、それによってニュートンは、あたかも自分が純粋《じゅんすい》に実験だけで結論《けつろん》に到達《とうたつ》したかのように論《ろん》じる羽目《はめ》になってしまった。「批判派《ひはんは》の科学者たちは、まず仮説《かせつ》をたてて、しかもその仮説《かせつ》にしがみつこうとするので、見方がかたよっている」と、ニュートンは述《の》べた。このように主張《しゅちょう》することでニュートンは、どんな偉大《いだい》な科学的発見にも「想像力《そうぞうりょく》」がからんでいるということを軽《かろ》んじてしまった。そして、かれの主張《しゅちょう》は科学にたいする誤解《ごかい》をまねいた。「単にニュートンのようなや

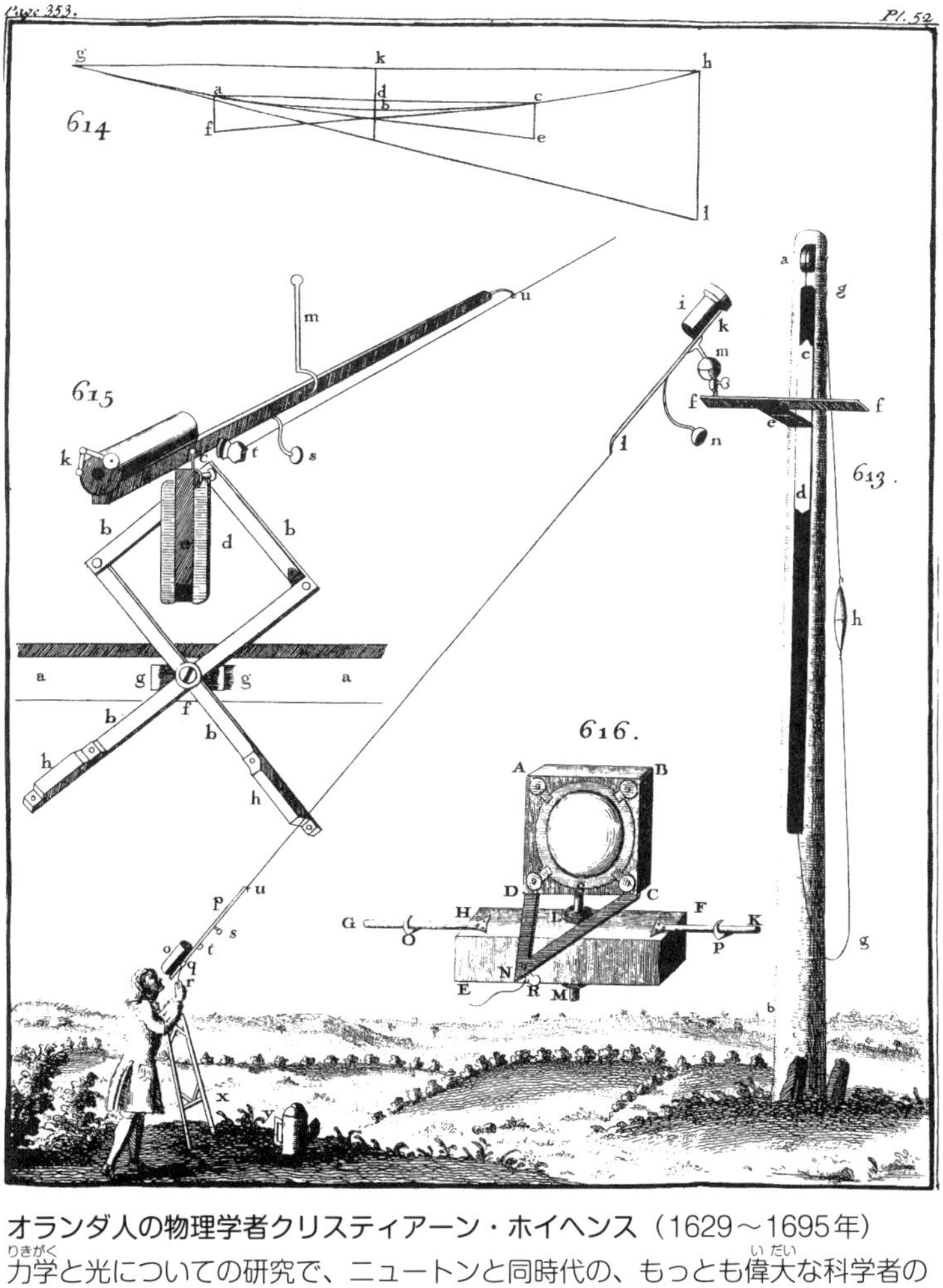

オランダ人の物理学者クリスティアーン・ホイヘンス（1629～1695年）
力学《りきがく》と光についての研究で、ニュートンと同時代の、もっとも偉大《いだい》な科学者のひとりといわれている。上の図は、1650年ごろに設計《せっけい》して自作した、筒《つつ》のない望遠鏡をのぞいているところ。

りかたで偏見《へんけん》なく実験や観察をおこない、その結果をまとめさえすれば、科学の法則《ほうそく》や理論《りろん》をみちびくことができる」という誤解《ごかい》だ。

ニュートンは、「ことなる種類のガラスを組みあわせることにより、レンズの色収差《いろしゅうさ》が補正《ほせい》される可能性《かのうせい》」を見落としていなかった。しかし、実験での思いちがいがあり、かれは、レンズの組みあわせによって像《ぞう》の「分散」が変わる――つまり、広がりかたが変わる――ことはないだろうと結論《けつろん》づけた。この実験がまちがっていたとわかったのは、それから100年近くたってからのことだった。オランダ人のジョン・ドロンドが、クラウンガラス（屈折率《くっせつりつ》が低く、あまり分散しないガラス）の凸《とつ》レンズとフリントガラス（屈折率《くっせつりつ》が高く、より大きく分散するガラス）の凹《おう》レンズを組

平面のガラスにわずかに湾曲《わんきょく》した凸《とつ》レンズをのせると見ることができる、同心円状《どうしんえんじょう》のニュートンリング。ニュートンが著書《ちょしょ》『光学《こうがく》』のなかで解説《かいせつ》した、光に関する多くの実験のひとつ。

みあわせた「色消しレンズ」をつくりあげたのだ。このレンズを対物《たいぶつ》レンズとして使うと色収差《いろしゅうさ》はほとんど打ち消されたので、屈折望遠鏡《くっせつぼうえんきょう》はふたたび天文学者《てんもんがくしゃ》たちのおもな観測機器《かんそくきき》となった。

反対論《はんたいろん》にうんざりしていたニュートンは、ヘンリー・オルデンバーグに手紙を書いた。そのなかでかれは、「色に関して王立協会あてにもういくつか論文《ろんぶん》を送ろうとしていたが、この問題に関してこれ以上ペンをとることは性分《しょうぶん》にあわないと気づいた」と述《の》べている。かれは、「断固《だんこ》として永久《えいきゅう》にこの課題に別れを告げよう」というつもりだった。しかし、反対論《はんたいろん》のおかげでニュートンの考えはより完成されたものになっていった。かれは、光学《こうがく》についてさらに多くの発見をすることになる。ただし、それらが出版《しゅっぱん》されたのは、古くからの敵《てき》であるフックの死後の1704年になってからだった。

色消しレンズ

色収差《いろしゅうさ》をなくすために、レンズに使うガラスの材《ざい》質《しつ》やレンズの形を変え、組みあわせてつくる。

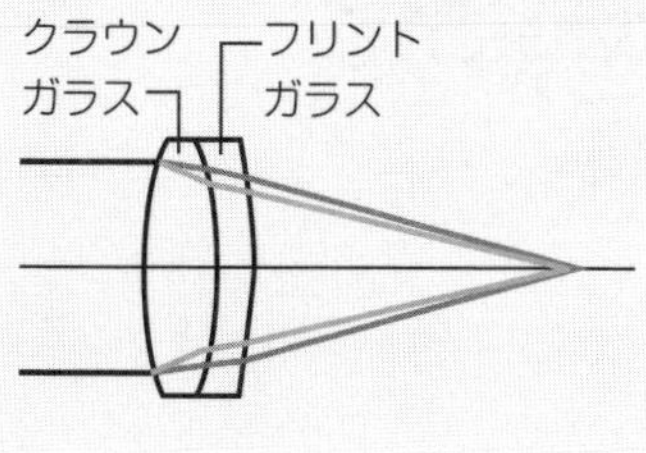

ウィリアム・ブレイク（1757～1827年）が1795年にえがいたニュートン。この絵は、おそらくブレイクの著書《ちょしょ》『ユリゼンの第一の書』（1794年）と関連がある。この本のなかでブレイクは、アイザック・ニュートン、フランシス・ベーコン、ジョン・ロックらの「唯物論的《ゆいぶつろんてき》な」哲学《てつがく》に支配《しはい》される専政君主国《せんせいくんしゅこく》をえがいている。ブレイクは、多くのロマン主義作家《しゅぎさっか》と同じように唯物論《ゆいぶつろん》が大きらいだった。生命は、ニュートンのいうような「自然の」法則《ほうそく》ではなく「霊的《れいてき》な」法則《ほうそく》にのっとったものであるはずだと、ブレイクは考えていた。かれは、ニュートンの世界を「ぞっとするほど空虚《くうきょ》」なものとしてえがいている。

5 引力《いんりょく》と運動法則《うんどうほうそく》

ニュートンのリンゴの話は、何度も語られつづけてきた。ニュートン自身が晩年《ばんねん》、友人たちにその話をしたのだった。

ペストに追われて田舎《いなか》にもどっていたころのことだ。ある日、母の果樹園《かじゅえん》で、ぽとんと木から落ちたリンゴがニュートンの注意をひいた。たしかにこれが考えはじめるきっかけだったかもしれないが、じっさいに引力《いんりょく》や運動法則《うんどうほうそく》についての考えをまとめて『プリンキピア』(正式な名前は『自然哲学《しぜんてつがく》の数学的諸原理《すうがくてきしょげんり》』)を出版《しゅっぱん》す

ニュートンのリンゴの木の子孫

ニュートンは、木の下にいるときにリンゴが落ちたのを見て、引力《いんりょく》について考えはじめたといわれている。

るのは、それから20年ほどたってからだった。

どうしてこんなにおくれたのだろう？　ニュートンが長いあいだこの発見を発表しなかったことについてはむかしから多くの理由が考えられてきたが、近年の歴史研究で、これらの考えが修正《しゅうせい》された。どうやら、ニュートンが万有引力《ばんゆういんりょく》についての決定的な考えを思いついたのはもっとずっとあと、本の第1章を書きおえたころのようだというのだ。

ニュートンは、学生時代にすでに太陽のまわりをまわる惑星《わくせい》や地球の運動について学んでいた。アリストテレスは、地球を中心に太陽、月、惑星《わくせい》のそれぞれが配置された、なかが空《から》っぽの天球《てんきゅう》を考え、それらが日ごと、年ごとに動いているとイメージしていた。コペルニクスは「天球《てんきゅう》」という考えをすててはいなかったが、コペルニクスの研究にふれた人は、天球《てんきゅう》の存在《そんざい》を信じなくなっていった。しかし、もし天球《てんきゅう》がないのなら、地球や惑星《わくせい》は、なんの力によって太陽のまわりをまわりつづけているのだろう？

17世紀はじめ、ドイツの天文学者《てんもんがくしゃ》ヨハネス・ケプラーは、「太陽が車輪のスポーク（車輪の中心から放射状《ほうしゃじょう》にのびている棒《ぼう》）のようにまわりに力を放《はな》っていて、それによって、太陽が回転するのにあわせて惑星《わくせい》もまわるのではないか」という考えをしめした。しかし、その後の大きな発見によって、この考えを変更《へんこう》する。ケプラーは、ピタゴラスがとなえた「数学は、ものにかくされた性質《せいしつ》を明らかにする」という信念に影響《えいきょう》を受けていた。そして、観察した惑星《わくせい》の軌道《きどう》は一様《いちよう》な円軌道《えんきどう》で、これをだれよりも正確《せいかく》にあらわそうと努力した。何年も何年も苦労して計算したが、どうしてもうまくいかない。やがてケプラーは、ある解決策《かいけつさく》にいきついた。それは、「ケプラーの法則《ほうそく》」として、いまでは広く知られている。

一様《いちよう》な円軌道《えんきどう》をえがくという古代からの考えはすてなくてはならない。惑星《わくせい》は、太陽をひとつの焦点《しょうてん》とする楕円軌道《だえんきどう》（円をおしつぶした形の軌道《きどう》）をえがいて動いているのだ。このような軌道《きどう》をとれば、惑星《わくせい》の速度や太陽からの距離《きょり》はつねに変化するだろ

ヨハネス・ケプラー
（1571～1630年）

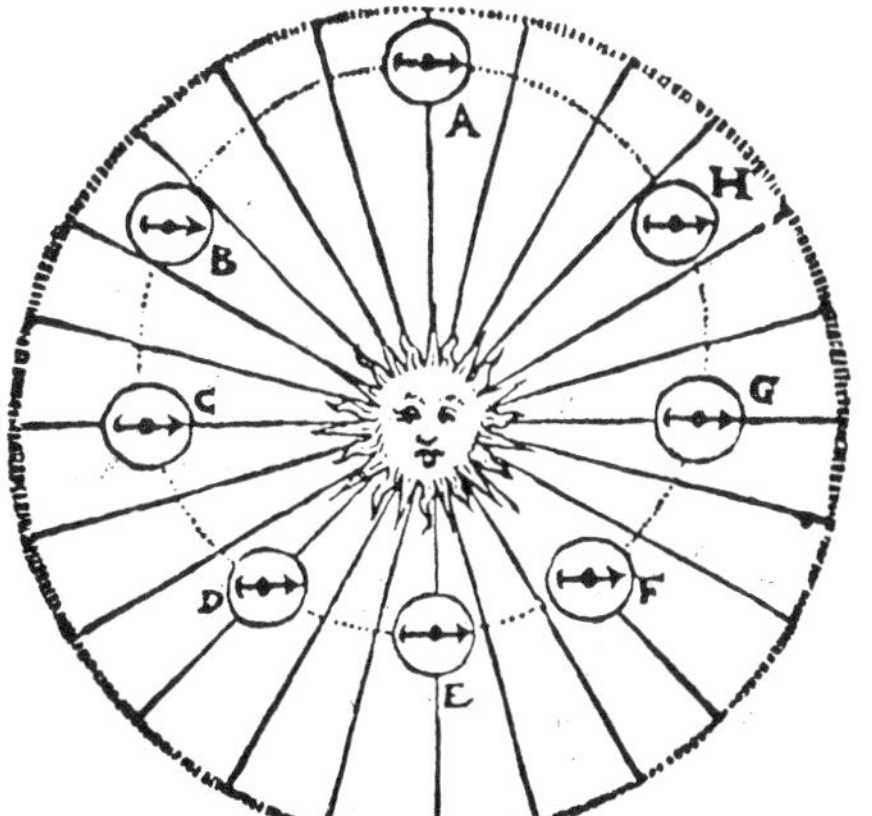

ニュートンの研究の基礎《きそ》となった惑星《わくせい》の運動法則《うんどうほうそく》を発見したことで知られるドイツの天文学者《てんもんがくしゃ》・物理学者《ぶつりがくしゃ》。惑星《わくせい》を太陽のまわりの軌道上《きどうじょう》にとどまらせている力は、磁力《じりょく》に似《に》たなんらかの力だと考えた（上のイラスト参照）。

ケプラーの法則《ほうそく》

第《だい》1法則《ほうそく》(楕円《だえん》軌道《きどう》の法則《ほうそく》) 惑星《わくせい》は、太陽をひとつの焦点《しょうてん》とする楕円《だえん》軌道上《きどうじょう》を動く

第《だい》2法則《ほうそく》(面積速度一定の法則《ほうそく》) 惑星《わくせい》と太陽とを結ぶ線分《せんぶん》(両端《りょうたん》の位置が決まっている直線)が単位時間にえがく面積は、一定である(面積速度一定)

第《だい》3法則《ほうそく》(調和の法則《ほうそく》) 惑《わく》星《せい》の公転周期(軌道《きどう》を1周するのにかかる時間)の2乗《じょう》は、軌道《きどう》の長半径《ちょうはんけい》の3乗《じょう》に比例《ひれい》する

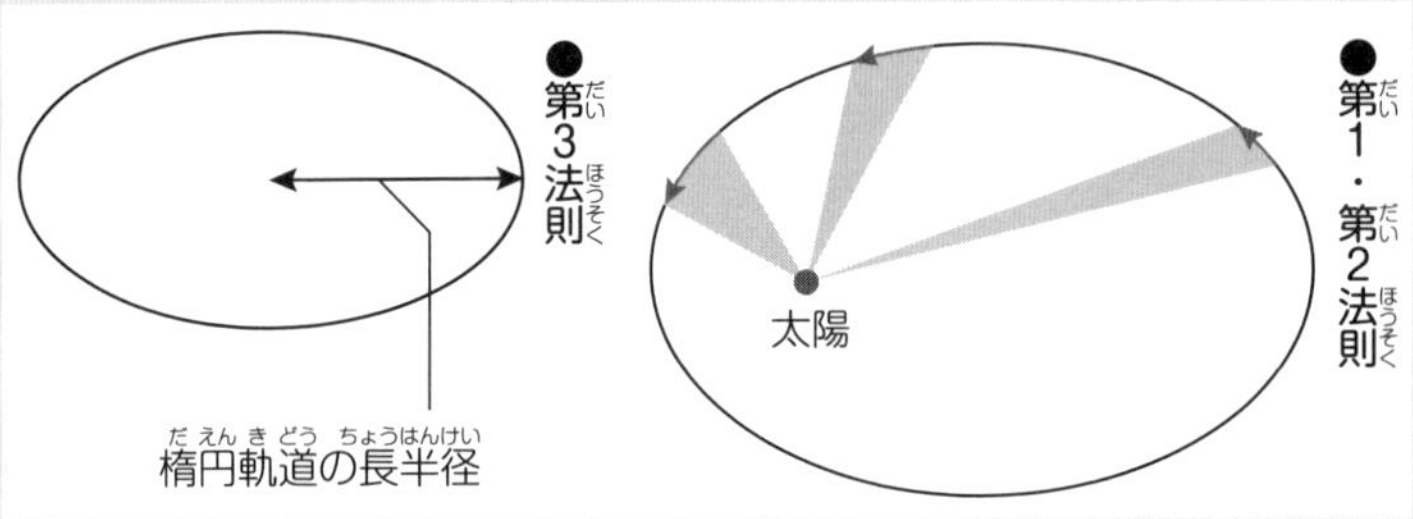

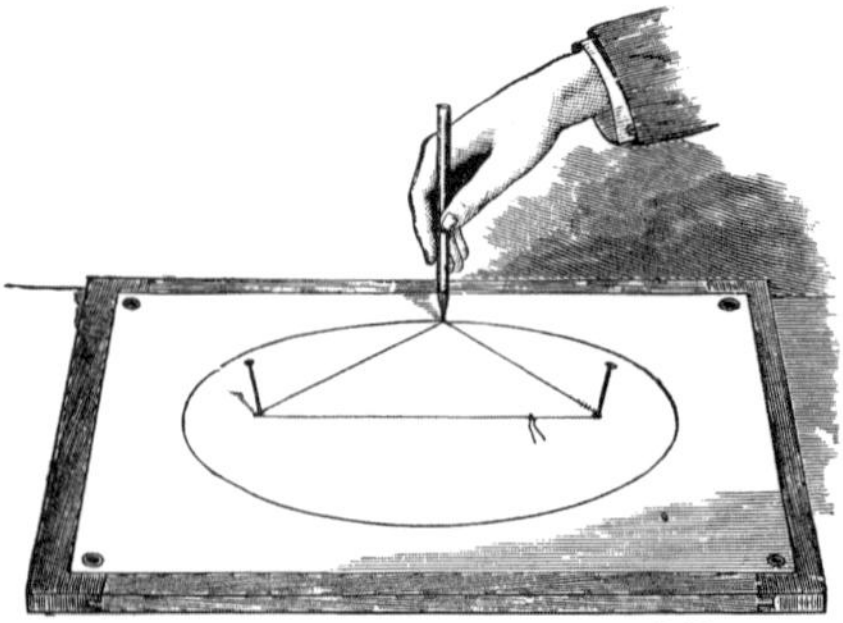

2本のピンと糸で楕円《だえん》をかく方法。2本のピンの位置が楕《だ》円《えん》の焦点《しょうてん》となる。

楕円軌道《だえんきどう》を進むときに変化する速度。焦点《しょうてん》に近いときは速く、遠いときはゆっくり進む。

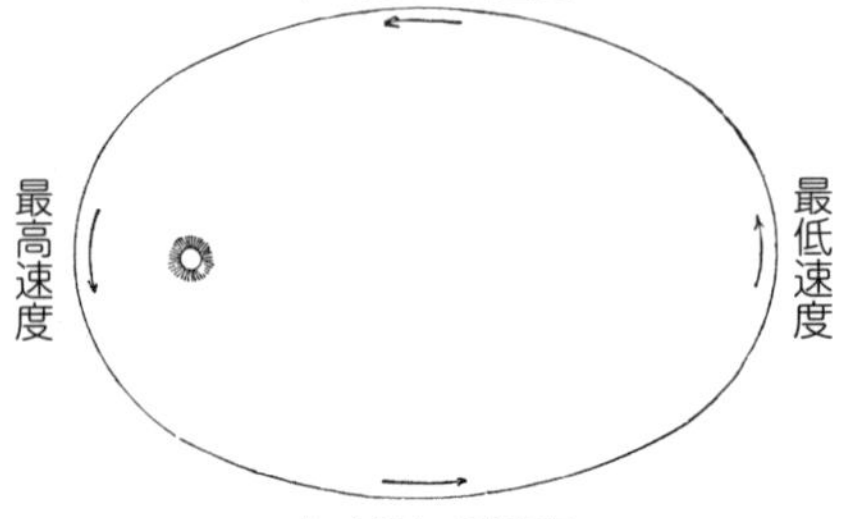

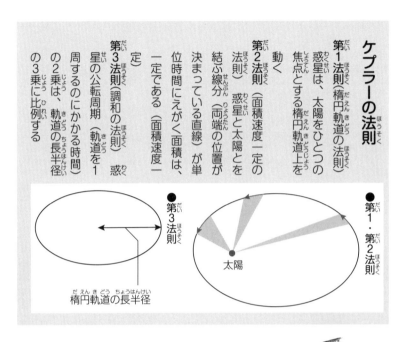

う。このことの説明としてケプラーは、惑星《わくせい》には磁極《じきょく》があり、それが太陽の北極とひきあったり反発しあったりしているのだと考えた。

しかし、ケプラーの楕円軌道《だえんきどう》や「天体の運行法則《うんこうほうそく》」をまじめに検討《けんとう》した人は長いあいだほとんどいなかった。かれの楕円軌道《だえんきどう》やほかのふたつの発見が新しい世界観の基礎《きそ》となるには、運動に関する新しい科学ができあがるのを待たなければならなかったからだ。その最初の大きな一歩を記《しる》したのは、コペルニクスのもうひとりの後継者《こうけいしゃ》ガリレオ・ガリレイだった。

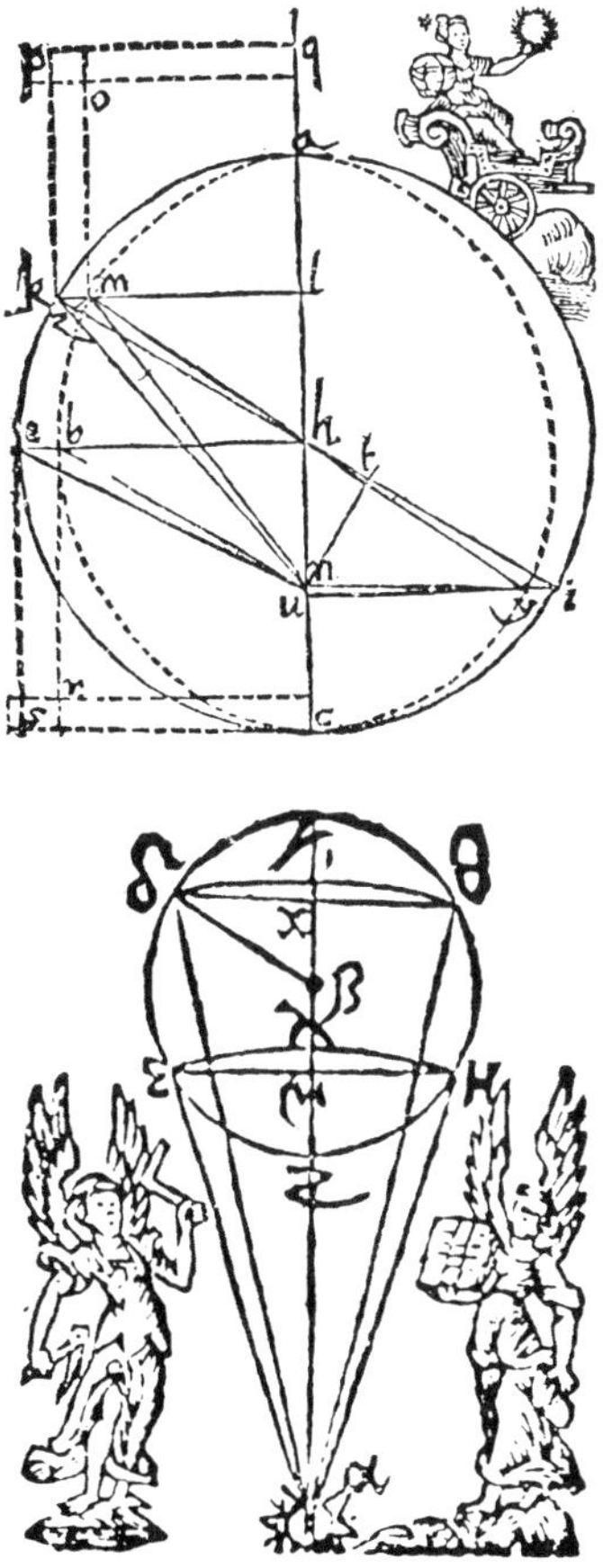

ケプラーの『新天文学《しんてんもんがく》』（1609年）にえがかれた図。膨大《ぼうだい》な研究の末にいきついた「惑星《わくせい》の楕円軌道説《だえんきどうせつ》」が述《の》べられている。ふたつの図は、火星の楕円軌道《だえんきどう》についての説明図だ。

ガリレオは、重さのちがう球をピサの斜塔《しゃとう》から落とすことでアリストテレスのまちがいを明らかにしたという言い伝えがある。

アリストテレスの説が正しければ、重い球のほうが先に地面に落下するはずだが、ガリレオはどちらの球も同時に落下することをしめしたというのだ。この話がほんとうなのかどうかはわからない。それに、この話は科学におけるガリレオの偉大《いだい》さをしめす実例としてはあまり適当《てきとう》ではないだろう。かれの偉大《いだい》な功績《こうせき》は、日常生活《にちじょうせいかつ》のなかの物理事象――たとえば、石が落ちるとか振《ふ》り子《こ》がゆれるとか――から核心《かくしん》となる性質《せいしつ》だけをとりだし、ほかの雑多《ざった》なことは無視《むし》するということだった。このようにしてガリレオは、「速度」「加速度」「抵抗《ていこう》」という概念《がいねん》を明らかにした。

アリストテレスは、日常的《にちじょうてき》な経験《けいけん》を大切にした。「自然運動」以外では、すべての運動になんらかの動かす力が必要だとした。この力がなくなったら、動きはとまってしまう。これにたいしてガリレオは、摩擦《まさつ》が無視《むし》できるほどきわめてなめらかな斜面《しゃめん》に、なめらか

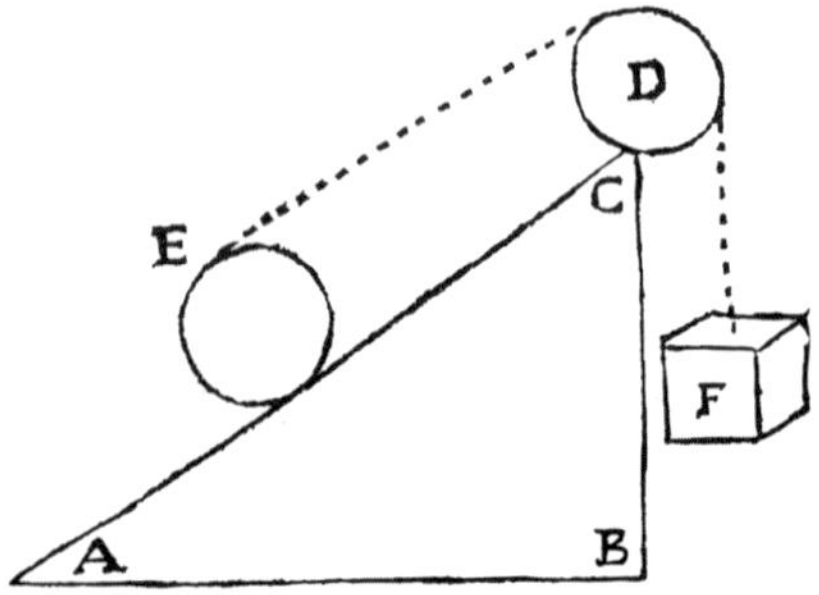

斜面《しゃめん》をころがりおちる球の力を測定《そくてい》する、ガリレオの実験。ガリレオの講義集《こうぎしゅう》『レ・メカニケ』より

ガリレオ・ガリレイ（1564～1650年）
イタリアの天文学者《てんもんがくしゃ》・物理学者。中世《ちゅうせい》の自然哲学《しぜんてつがく》から近代科学への変革《へんかく》を成しとげた中心人物のひとり。

な球がおかれている場合を考えた。球は、斜面《しゃめん》をころがるにつれてどんどん速く落ちていくだろう。のぼり斜面《しゃめん》の場合は、おしあげるために、いやその場にとめておくだけでも、力が必要だ。ということは、無限《むげん》に広がった水平な面のうえでは、いったん動きだした球は力が働かないかぎりとまらないのだ。

ガリレオがしめした「慣性《かんせい》の法則《ほうそく》」は、古い考えかたを打ちやぶるものだった。運動がつづくようにずっと力をくわえる必要はないというのだ。動きを変えるときだけ力をくわえればいい。ガリレオは、この法則《ほうそく》を使って地動説にたいする古くからの反対意見に反論《はんろん》した。地動説に反対する人たちは、「もし地球が動いているなら、高いところから落とした石は、地球が動いたぶんだけうしろに落ちるはずだ」という。これにたいしてガリレオはつぎのように説明した。

「手からはなれるまえに、石にはすでに地球の回転による力が伝わっており、手からはなれてもその力はなくならない。いま高い塔《とう》から石を落としたとすると、このときの石は2種類の運動をしている。ひとつは〝下方向への運動〟だが、もうひとつ〝地球の回転と同じ、円運動〟もしているのだ。だから、石は塔《とう》のすぐ足元《あしもと》に落ちる」

しかし、「古い考えかた」もまだ力を失っていなかった。それを打ちやぶろうとするガリレオさえも、このような円運動を外から力をくわえなくても自然に動く「自然運動」と考えていたのだ。円運動は、ガリレオにとっても、天上における完ぺきな運動だった。ただ、地上の物体でも、この完ぺきな運動ができると考えたのだ。

この考えをはげしく拒絶《きょぜつ》したのは、デカルトだった。慣性運動《かんせいうんどう》は「等速直線運動」であるというのだ。円運動は「自然運動」ではなく、円運動がなされるためにはなんらかの機械的な力が働かなくてはならないと。地球や惑星《わくせい》が円運動をしているのは、微細《びさい》な物質（エーテル）がうずまいて地球や惑星《わくせい》をおし、太陽のまわりをまわるようにしているのだと、デカルトは主張《しゅちょう》した。石が手からはなれると地面に落ちることも、それで説明できる。

地球のまわりにあるエーテルの渦《うず》は速くまわるので、その力で木片《もくへん》は渦《うず》の中心へ落ちていくのだ。木片《もくへん》が水の渦《うず》にひきこまれて中央に集まるのと同じだ。ニュートンが「月を地球のまわりにつなぎとめる力」「惑星《わくせい》を太陽のまわりにつなぎとめる力」について考えはじめたのが、もしほんとうに１６６６年にリンゴが落ちたのがきっかけだとしたら、ニュートン

等速直線運動

たとえば、摩擦《まさつ》がまったくない平面の上をまっすぐにすべっていく運動など、同じ速度で一直線上を進む運動のこと。等速直線運動では、速度と進んだ時間が同じならば、進んだ距離《きょり》も同じになる。

ルネ・デカルト『オペラ・フィロソフィカ』（1692年）より。

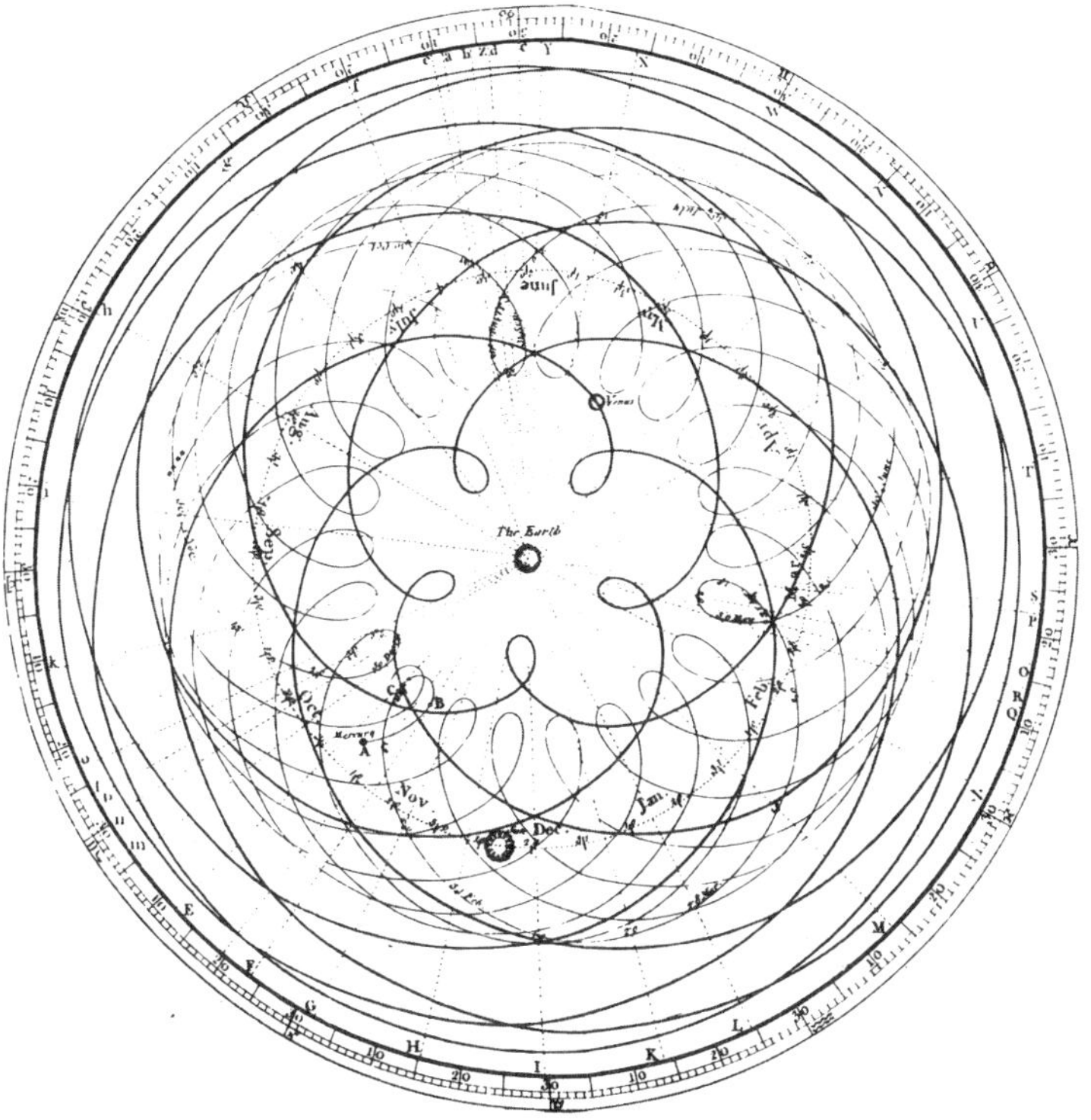

地球が動かないと考えた場合の惑星《わくせい》の動き

太陽をまわる惑星《わくせい》の軌道《きどう》はほぼ円軌道《えんきどう》だが、ある惑星《わくせい》から見たほかの惑星《わくせい》の動きは、前進・後退《こうたい》したり停止したりする。円軌道《えんきどう》にも楕円軌道《だえんきどう》にも見えず、ループ状《じょう》に動いているように見える。ジェームズ・ファーガソン著《ちょ》『ニュートンのプリンキピアにもとづく、数学を勉強したことのない人にもわかりやすい天文学《てんもんがく》（『ニュートン天文学《てんもんがく》』）』（1764年発行）より。

はおそらくその力のみなもとを、デカルトのとなえる「渦《うず》」だと考えていただろう。

　ひもに小石を結びつけてふりまわすと、ひもがぴんとはって、石がとびさろうとする力を感じる。この力は、のちに「遠心力」（つまり中心から遠くへはなれようとする力）とよばれるようになった。ニュートンはこの力の計算法を考え、それを地球や月、惑星《わくせい》の場合にもあてはめて計算してみた。さらに、それをケプラーの発見に結びつけてみることを思いついた。ケプラーは、すべての惑星《わくせい》に関して、それが「太陽のまわりをまわる時間（T）」と「太陽との平均距離《へいきんきょり》（D）」とのあいだに、「T^2／D^3は一定」という関係があることを発見した。この式と遠心力の式を組みあわせることによって、ニュートンは惑星《わくせい》の「遠心力」が太陽からの距離《きょり》の2乗《じょう》に反比例《はんぴれい》することを見つけた（92ページのコラム「逆《ぎゃく》2乗則《じょうそく》」参照）。

　ニュートンは、この「遠心力」が、太陽から地球およびほかの惑星《わくせい》に働く「引力《いんりょく》」とつりあっていると考えたにちがいない。この力は普遍的《ふへんてき》な（すべてのものにあてはまる）ものなので、地球が月におよぼす引力《いんりょく》の影響《えいきょう》も調べることができる。

　月は、慣性力《かんせいりょく》によって「等速直線運動」をしようとする。しかし、つねに地球とのあいだに働いている引力《いんりょく》によって直線運動から外《はず》れていくので、月は左の図のように地球のまわりをまわるのだ。地上では、重力（地球との引力《いんりょく》）によってリンゴなどの物体が落ちるとき、最初の1秒間で約4・9メートル落ちることを、ニュートンは知っていた。遠心力と同じように引力《いんりょく》も距離《きょり》の2乗《じょう》に反比例《はんぴれい》するなら、月までの距離《きょり》（地球の半径の約60倍）を考えて計算すると、地球が月におよぼす引力《いんりょく》は、地上で働く引力《いんりょく》の3600分の1になる。月にある物体は、地上では1秒で落ちる距離《きょり》を、1分かけて地球のほうへひっぱられることになるだろう。だから、月は地球からの引力《いんりょく》の影響《えいきょう》を受け、慣性力《かんせいりょく》による直線軌道《ちょくせんきどう》から、毎分約4・9メートルずつ外《はず》れていく計算になる。このことを、ニュートンはかんたんな計算でチェックしてみた。

まず「月の加速度」を、「公転周期」と「月までの推定《すいてい》距離《きょり》」からみちびきだし、これを「**逆《ぎゃく》2乗則《じょうそく》**」による計算からはじきだされた力」と比較《ひかく》してみた。結果は、ほとん

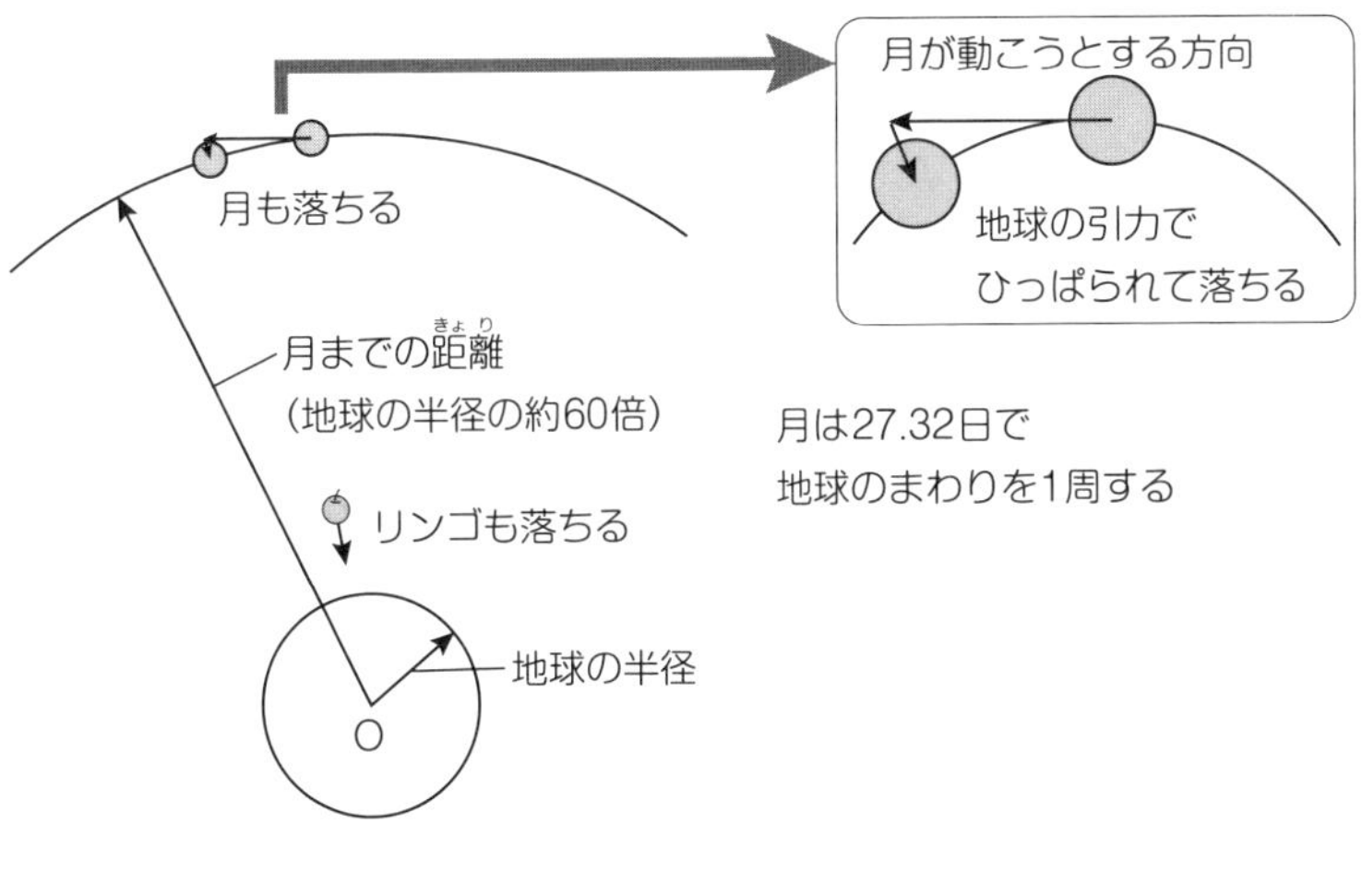

月は27.32日で
地球のまわりを1周する

逆《ぎゃく》2乗則《じょうそく》

引力《いんりょく》は物体どうしが近いほど強くひきあい、その大きさは距離《きょり》の2乗《じょう》分の1に比例《ひれい》する。つまり、距離《きょり》が2倍はなれたとき、引力《いんりょく》は4分の1となる。同じようなことは、引力《いんりょく》だけではなく、音や光の強さなどでもおこる。つまり、ある点からあらゆる方向にまんべんなく影響《えいきょう》をおよぼすものがある場合、その影響力《えいきょうりょく》は、その点からの距離《きょり》の2乗《じょう》に比例《ひれい》して小さくなる。これを「逆《ぎゃく》2乗則《じょうそく》」とよぶ。

引力《いんりょく》の逆《ぎゃく》2乗則《じょうそく》に関しては、どちらが先に発見したかということで、フックとニュートンの争いとなった。

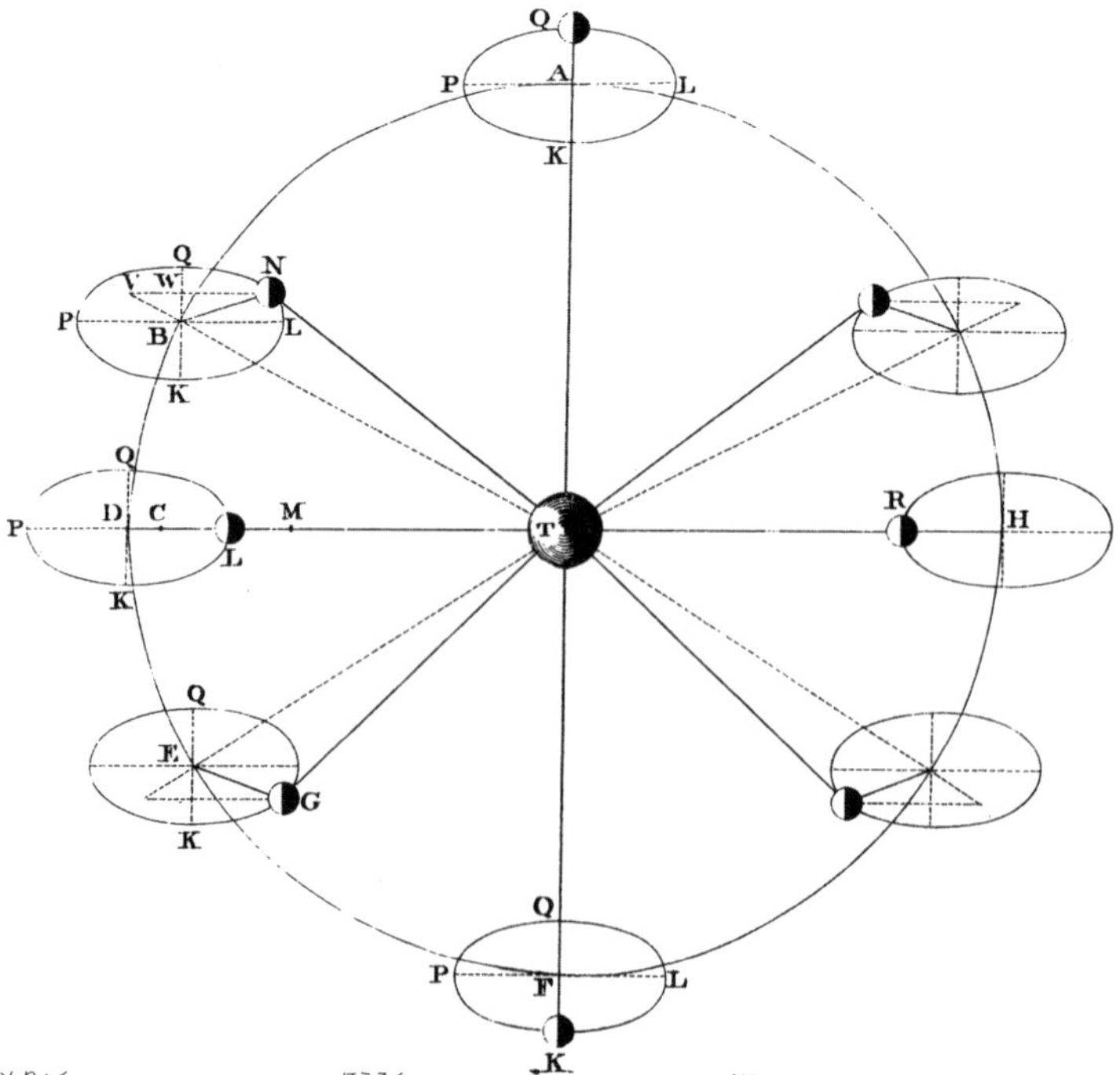

「引力《いんりょく》」による月の運動の法則《ほうそく》をしめしたイラスト3枚《まい》のうちのひとつ。ニュートンの『プリンキピア』1803年版《ねんばん》にジョーン・マーチンがつけた追補《ついほ》より。

ど一致《いっち》した。完全に一致《いっち》しなかったのは、ニュートンが地球の大きさを小さく見積もりすぎたからだった。

近年の歴史研究で、ニュートンの月の研究は1666年におこなわれたらしいことが明らかになってきた。けれどもその時点でニュートンが、重力のような内向きの力のことを惑星《わくせい》と太陽、または月と地球のあいだに働く引力《いんりょく》だと考えはじめていたかどうかはわからない。

ニュートンは、しばらくこの研究を放置していたが、1679年のロバート・フックとのやりとりがきっかけで、ふたたびとりくむことになった。フックは、一般《いっぱん》の人が科学に興味《きょうみ》をもつようになるようなテーマがあったら教えてほしいと、ニュートンにアドバイスを求めたのだった。そして、「もしも物体が距離《きょり》の2乗《じょう》に反比例《はんぴれい》する力で地球にひきつけられているなら、月

ニュートンの計算（月の加速度を求める計算）

月は、地球を中心に、かなり円に近い楕円軌道《だえんきどう》でまわっている。月までの距離《きょり》を約38万km、月の公転周期を約27.32日、地球の半径を約6370kmだとして、ニュートンと同じように月の加速度を求めてみよう（月までの距離《きょり》は、地球の半径の約60倍）。

月の軌道《きどう》は「ほぼ、円」とみなすことができるので、月の加速度は、円運動の加速度を求める式で計算できる。

月の加速度＝(公転の速さ)^2÷(月までの距離《きょり》)

公転の速さ＝公転軌道《こうてんきどう》の距離《きょり》÷公転周期

＝2π×(月までの距離《きょり》)÷公転周期

これに数字を入れて計算すれば、月の加速度を求めることができる。

の軌道《きどう》は、地球をひとつの焦点《しょうてん》とする楕円《だえん》をえがくのではないか」という考えを、手紙でニュートンに書き送った。フックはこれについて、数学的な証明《しょうめい》はなにもしていない。ニュートンは後年《こうねん》、これに関して、「自分はすでに証明《しょうめい》をきちんとしていたけれども、ほかのことにかまけて論文《ろんぶん》をほうりだしていただけなのだ」と異議《いぎ》を申したてた。

1684年、エドモンド・ハレーがケンブリッジにいるニュートンをたずねた。ハレーは、ケプラーがしめした太陽と惑星《わくせい》の関係は、太陽と惑星《わくせい》のあいだに距離《きょり》の逆《ぎゃく》2乗《じょう》となる引力《いんりょく》が働いていることを意味すると考えていた。ハレーは、フックやクリストファー・レン卿《きょう》も同じように考えているのを知っていたが、3人ともそれを数学的に証明《しょうめい》することができなかった。フックは「証明《しょうめい》した」と主張《しゅちょう》したが、「証明《しょうめい》できた者に40シリング（いまのお金で20万~30万円くらい）あげよう」というレン卿《きょう》のさそいには乗らなかった。

ハレーは、ニュートンが「同じ発見をした」だけでなく「楕円軌道《だえんきどう》であることを数学的にも証明《しょうめい》した」と聞いて大よろこびした。ニュートンがそれまでに発表した論文《ろんぶん》のなかにはその証明《しょうめい》は見つからなかったが、ニュートンはそれをもういちどやりなおすと約束した。数か月後、ハレーが2回目におとずれたときには、すでに論文《ろんぶん》ができていた。ニュートン

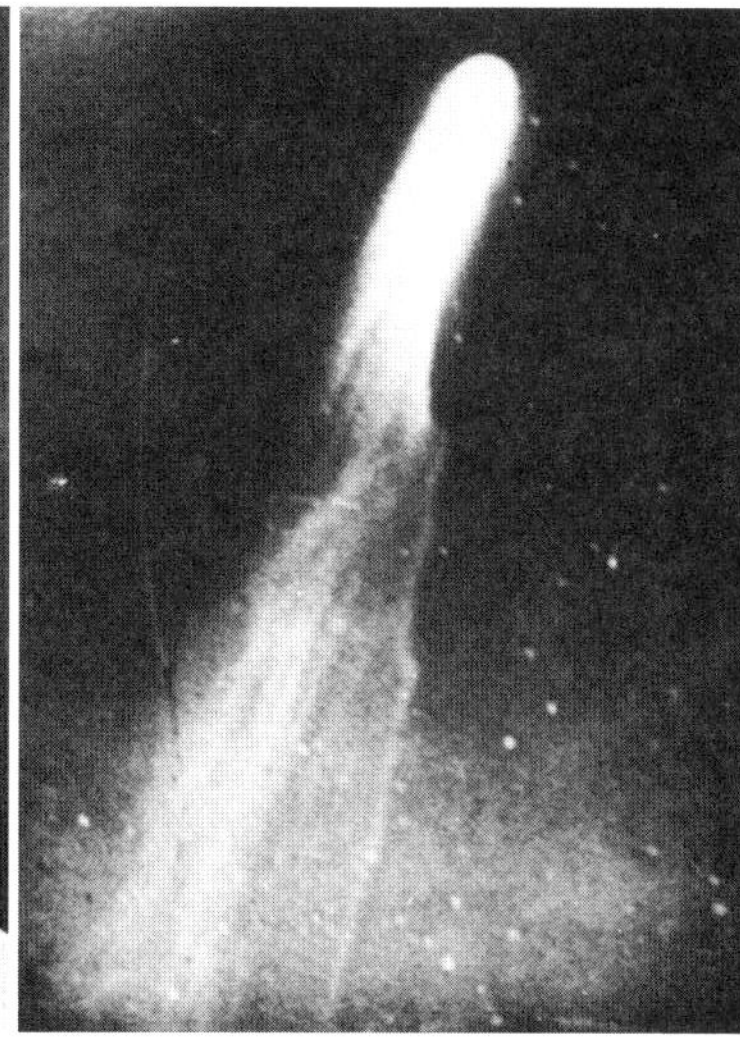

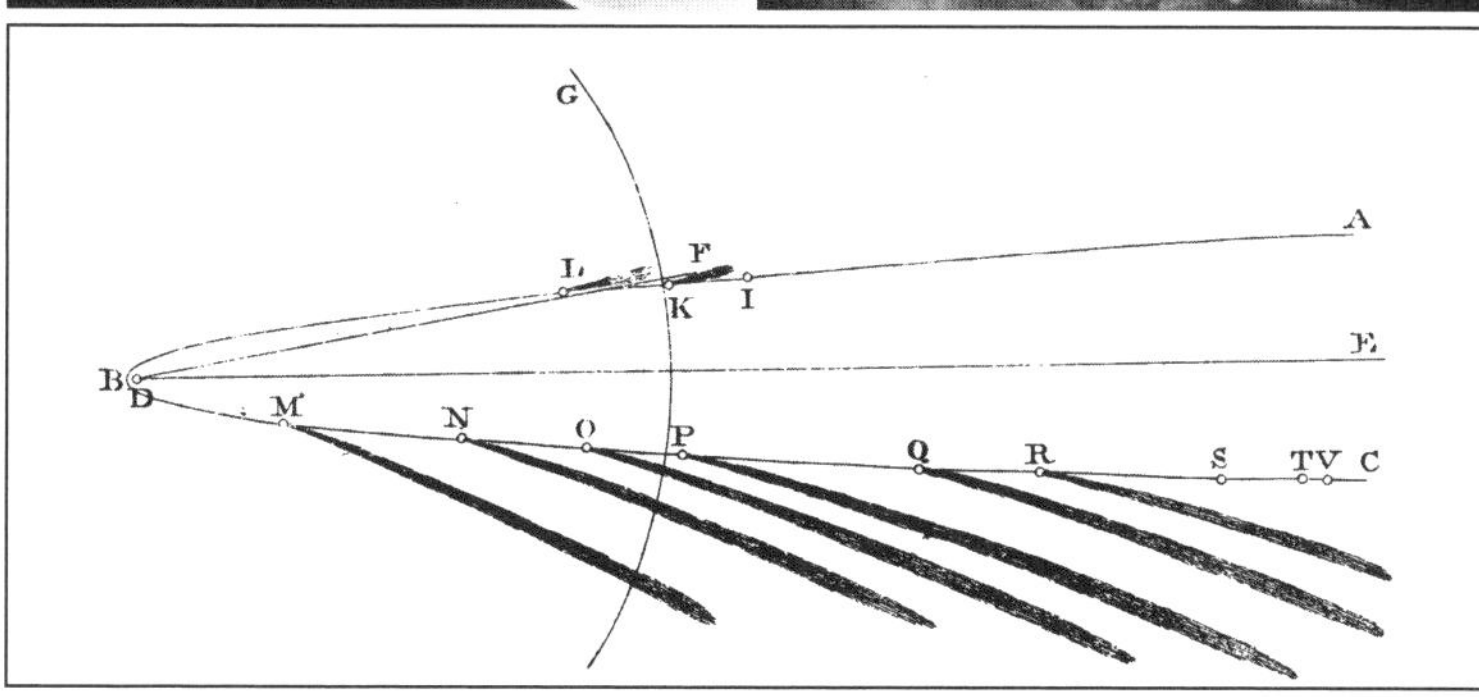

左上　エドモンド・ハレー（1656～1742年）
1736年、80歳《さい》のときの肖像画《しょうぞうが》（マイケル・ダール画）。ハレーは、彗星《すいせい》の研究で天文学《てんもんがく》に大きく寄与《きよ》した。1680年にパリで見えた「大きな彗星《すいせい》」の軌道《きどう》を計算したのだ。1456年、1531年、1607年、1682年にあらわれた彗星《すいせい》の軌道《きどう》がよく似《に》ていることから、これらの彗星《すいせい》が同じものであると結論《けつろん》し、つぎは1758年の年末ごろあらわれる（誤差《ごさ》は5か月）と予言した。ハレーが亡《な》くなったのち、かれの予言どおり1758年12月に彗星《すいせい》があらわれたので、この彗星《すいせい》は「ハレー彗星《すいせい》」と名づけられた。
右上　1910年にもどってきたハレー彗星《すいせい》の写真
下　ニュートンが作成した1680年の彗星《すいせい》の軌道図《きどうず》

がいかに数学の天才だったかは、ほかの人たちが頭を悩《なや》ませたこの問題の解法《かいほう》にもあらわれていた。『プリンキピア』に記されたニュートンの最終的な業績《ぎょうせき》をきちんと評価《ひょうか》するためにも、かれがとりくんでいたこの問題をもう少し見ていくことにしよう。

ロバート・フックは、「慣性《かんせい》の法則《ほうそく》」がなりたつということは、ぎゃくにいえば「物体が等速直線運動以外の動きをするときは、つねに力が働く必要があるということだ」と考えていた。たとえば回転運動の場合は、つねに中心方向への力が必要だ。「回転運動から〝遠心力〟が生まれる」というニュートンの提案《ていあん》についてはは深く考えず、フックは物体が回転運動をするためには力が必要だとした。地球や惑星《わくせい》の場合は、太陽の中心へひっぱられる力こそそのような力なのだと、フックは述《の》べている。

しかし、こういう「動きの向きを変える力の存在《そんざい》」は、自然を機械のようなしくみととらえていた天文物理学者《てんもんぶつりがくしゃ》たちに受けいれてもらえなかった。ガリレオはすでに、ケプラーがとなえた「太陽からの引力説《いんりょくせつ》」を切《き》り捨《す》てていた。ガリレオは、月の引力《いんりょく》が地球の潮《しお》の満ち引きをひきおこすという古代の説もしりぞけ、潮《しお》の満ち引きは地球の自転によるものだという持論《じろん》をがんこに主張《しゅちょう》しつづけた。一方《いっぽう》、デカルトは、「物体が落ちるのは地球の引力《いんりょく》のせいだ」としたフランスの数学者ジル・ペルセンヌ・ド・ロベルバルの説明を批《ひ》判《はん》した。はなれている物体が力をおよぼしあう引力《いんりょく》のようなものの存在《そんざい》は、デカルトには考えられなかったのだ。ガリレオやデカルトにしてみれば、そんな考えはアリストテレスの影響《えいきょう》が弱まったときにルネッサンス人の心をとらえた「魔術《まじゅつ》」と似《に》たようなものに思えた。かれらは、もっと物理的な説明が必要だと考えていたのだ。

　そのときまでニュートンは、自然のすべてを物質《ぶっしつ》の動きで説明しようとするデカルトの信奉者《しんぽうしゃ》だった。しかし、そこに「引力《いんりょく》」の考えかたをとりいれたことで、その後は生涯《しょうがい》、論争《ろんそう》の渦《うず》にまきこまれることになった。ニュートンは、「引力《いんりょく》」が神の技《わざ》によるものなのか、最終的には物質《ぶっしつ》の動きによるものなのか、決めかねていた。では、ニュートンがデカルトの考えと決別することになった最初のきっかけはなんだったのだろう？

アイザック・ニュートン

死の1年まえに、ジョン・ヴァンダーバンクによってえがかれた肖像《しょうぞう》。

ニュートンが多くの時間を化学や錬金術《れんきんじゅつ》の研究にそそいだということも、理由のひとつにあげられるだろう。それは、後世《こうせい》の科学史研究者をふしぎがらせていることでもある。

ニュートンは、ある化学物質《ぶっしつ》がほかの特定の物質《ぶっしつ》とひきつけあい、かんたんに結びついてしまうことに、とても興味《きょうみ》をもった。ほかにも、デカルトの物理論《ぶつりろん》では説明がつかないことがいくつもあった。なぜ、物質《ぶっしつ》はばらばらにならずにくっついているのか？　なぜ、水が細いガラス管のなかを上っていくのか？　光がほかの物質《ぶっしつ》のなかに入るときに屈折《くっせつ》するのはなぜか？　ハエはどうして足をぬらさずに水のうえを歩けるのか？　これらのことは、「粒子間《りゅうしかん》に引力《いんりょく》や反発力がある」と考えれば、ずっとかんたんに説明することができた。

この考えかたは、進歩ではなく退歩《たいほ》だろうか？　いや、そんなことはない。ニュートンは、これらの引力《いんりょく》や反発力の関係を決めているほんの少しの数学《すうがく》

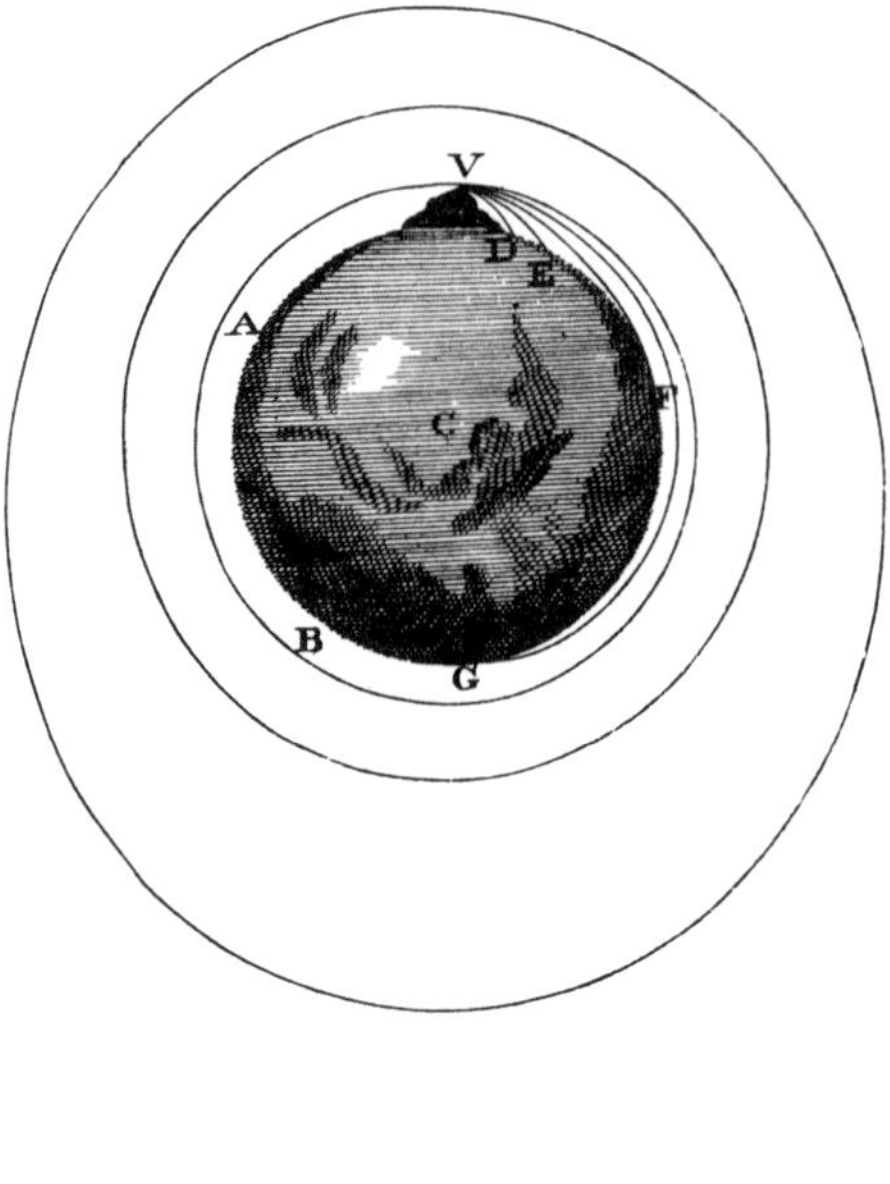

いろいろな速度でものを投げたときの軌道《きどう》をえがいた図（ニュートンの著書《ちょしょ》『世界体系《せかいたいけい》について』より）。じゅうぶんな速度で投げだせば、円軌道《えんきどう》をえがいてまわりはじめることを、あらわしている。

的《てき》法《ほう》則《そく》を見つければよいと考えた。

「自然」を説明しつくすには、物質《ぶっしつ》と運動だけでは不十分だ。それにくわえて、神はなんらかの「能動《のうどう》的原理《てきげんり》」を自然に組みこんでいるはずだ。それがつねに自然に働きかけていなければ、自然はずっとむかしに静止していたにちがいない。こうして、ニュートンの科学的な考えかたと宗教的《しゅうきょうてき》な考えかたは、ひとつの自然観にまとまっていった。ニュートンは、ケンブリッジ・プラトン学派《がくは》の学者たちから大きな影響《えいきょう》を受けていた。神が、世界を機械時計のようなものとしてつくりだし、世界はその後、勝手に機械的に動いているのだ——そんな考えかたは人びとを「無神論者《むしんろんしゃ》」にしていくにちがいないと、学者たちは心配していた。たぶん、天体の運行についてふたたび考えはじめたときから、ニュートンも純粋《じゅんすい》なる

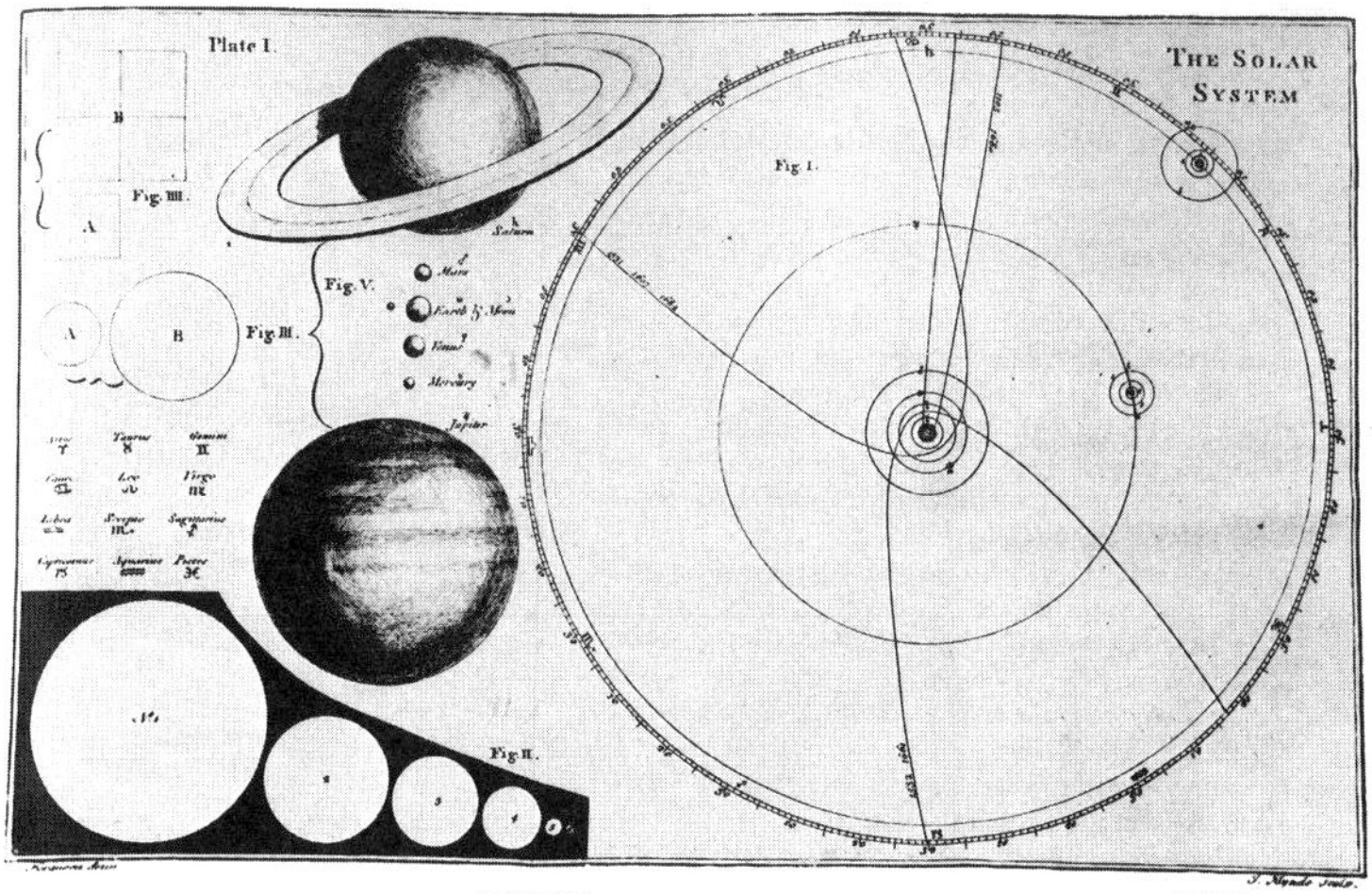

1764年当時にわかっていた太陽系《たいようけい》のすがた。すでに見つかっていた惑星《わくせい》どうしの大きさの比較《ひかく》もえがかれている。ファーガソン著《ちょ》『ニュートン天文学《てんもんがく》』より。

デカルトの機械論哲学《きかいろんてつがく》からはなれていったのだろう。

太陽が引力《いんりょく》によって惑星《わくせい》をひきつけるとすると、これは、ある特定な物体のあいだに働く力なのだろうか？　たとえば、ニュートンが研究した化学反応《かがくはんのう》で、特定の物質間《ぶっしつかん》に働いた力のように。それとも、すべてのものはほかのすべてのものをひきつけるのだろうか？　ニュートンは、その引力《いんりょく》は特定のものだけでなくすべてのものに働くと考えた。

引力《いんりょく》とその物体の大きさは、どう関連しているのだろう？　それに答えるためにニュートンは、はじめて「重さ」と「質量《しつりょう》」をはっきりと区別した。物質《ぶっしつ》の重さとは、「その物《ぶっ》質《しつ》が引力《いんりょく》でひっぱられる度合いを測定《そくてい》したもの」で、その値《あたい》は地球の中心からの距離《きょり》によってちがってくる。それにたいして質量《しつりょう》とは、物体内の「物質《ぶっしつ》の量」である。ある物体の重さを高い山の上で測《はか》ると、「重さ」は少なくなっているが、その物体がもっている「質《しつ》量《りょう》」は変わっていないのだ。

地球の中心から同じ距離《きょり》の地点でくらべれば、「重さ」と「質量《しつりょう》」は完全に比例《ひれい》する。「太陽から惑星《わくせい》までの距離《きょり》」と「その惑星《わくせい》が軌道《きどう》を進む速度」の関係をあらわすケプラーの法則《ほうそく》は、「もしすべての惑星《わくせい》が太陽から等距離《とうきょり》にあるとしたら、どの惑星《わくせい》も同じ軌道《きどう》をとる」ということを意味している。ニュートンは、そんなことが起こるのは引力《いんりょく》がそれぞれの物質《ぶっしつ》の質量《しつりょう》に正確《せいかく》に比例《ひれい》する場合だけだと気づいた。つまり、同じ距離《きょり》だとしたら、質量《しつりょう》が4倍の物体は4倍の大きさの引力《いんりょく》でひっぱられるのだ。

かつてガリレオは、「もしも空気抵抗《くうきていこう》がなければ、同じ高さから物体を落としたとき、すべて同じ速度で落下して同時に落ちる」といって、アリストテレス学派《がくは》の学者たちをおこらせた。そしてニュートンは、質量《しつりょう》が大きい物質《ぶっしつ》では、動かすべきものがより多いのだから、より大きな引力《いんりょく》でひっぱらなくてはならないということをしめした。もしも引力《いんりょく》が同じだったら、軽いもののほうが速く落ちるはずだ。

それにしても、「引力《いんりょく》が質量《しつりょう》に正確《せいかく》に比例《ひれい》する」というのはおどろくべきことだった。ニュートンは、ほんとうに比例《ひれい》するのかどうか、振《ふ》り子《こ》を使った実験でたしかめた。落体実験で振《ふ》り子《こ》を使うのが有効《ゆうこう》なことは、すでにガリレオが実証《じっしょう》していた。ガリレオも斜面《しゃめん》の実験で、物体が落ちるときの速度は時間の経過《けいか》とともに同じ割合《わりあい》で速くなっていくこと（定加速度になること）をたしかめていた。この結果を用いてニュートンは、「物体に一定の力をくわえると、一定の割合《わりあい》で速度が速くなる」という一般的《いっぱんてき》な原理をみちびくことができた。以前は、物体に一定の力をくわえても一定の速度で動きつづけるだけだと考えられていたのだ。

ひじょうに遠いところにあるふたつの物体、たとえば太陽と惑星《わくせい》とか地球と月など、大きな物体のあいだに働く力を考える場合でも、それらを、「質量《しつりょう》をもつ点（質点《しってん》）」とみなしてもいいだろう。

しかし、たとえば地上に落ちるリンゴの場合は、計算はかえって複雑《ふくざつ》になりそうだ。地球は大きいので、リンゴに近い部分は強くリンゴをひっぱるが、それ以外の部分は、リンゴとの距離《きょり》がはなれるにしたがってだんだんひっぱる力が弱くなっていく。ニュートンは、自分で考案した新しい計算方法「流率法《りゅうりつほう》」を用いて、地球のように質量《しつりょう》をもつ球体の場合、その質量《しつりょう》が球の中心点に集中していると考えて計算してもいいということを証明《しょうめい》した。それで計算はぐっと単純《たんじゅん》になった。

「引力《いんりょく》」は、中心に向かう力だ。しかし、物体と

流率法《りゅうりつほう》

ニュートンの時代には、曲線グラフにおいて接線《せっせん》をどのように求めたらよいか苦労していた。それをあざやかに解《と》いたのがニュートンの計算方法で、現代《げんだい》では「微分積分法《びぶんせきぶんほう》」とよばれているが、ニュートンはこれを「流率法《りゅうりつほう》」と名づけた。「微分法《びぶんほう》」を使うと、ものが運動しているときの速度や加速度を計算することができる。ぎゃくに、「積分法《せきぶんほう》」を使うと、加速度や速度から、ものの動いた距離《きょり》なども計算できる（56ページ参照）。

微分積分法《びぶんせきぶんほう》に関しては、ニュートンよりもライプニッツが先に論文《ろんぶん》を発表したのだが、当時は、ニュートンからアイディアをぬすんだのだとされて大論争《だいろんそう》になった。しかしいまでは、ライプニッツは独自《どくじ》に考えついたのだとされ、現代《げんだい》の微分積《びぶんせき》分法《ぶんほう》の考えかたや表記方法は、ライプニッツの考案したものが使われている。

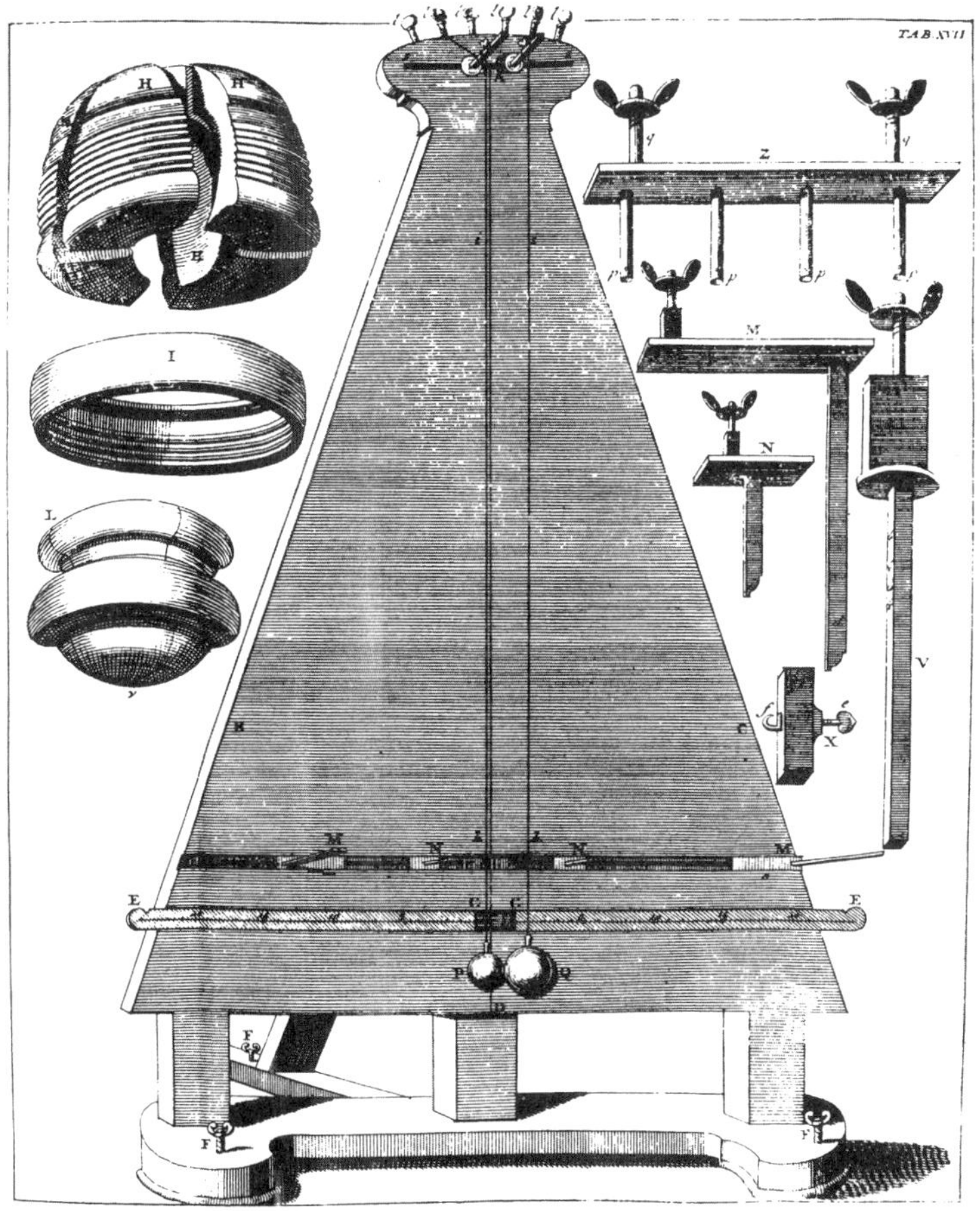

質量《しつりょう》と引力《いんりょく》の関係を研究するためにニュートンが使用したのと同じタイプの振《ふ》り子《こ》。W・J's・グラーフェンサンデ『Phisices Elementa Mathematica』（1725年）より。

その動きのすべてを説明するためには、もっと一般的《いっぱんてき》な「力」の概念《がいねん》が必要だった。これはとてもむずかしい問題で、いろいろな力が考えだされ、あらゆる方法で測定《そくてい》されたにもかかわらず、ニュートンよりもまえの科学者たちはことごとく失敗した。しかし、ニュートンの解法《かいほう》は単純明快《たんじゅんめいかい》で、まさに天才的だった。すべての物体は「慣性《かんせい》」をもっていて、静止している場合は静止しつづけ、動いている場合は方向や速さを変えずに動きつづけようとする。引力《いんりょく》は、この慣性《かんせい》の動きを変える「外力」(外から加えられる力)のひとつだというのだ。物体にくわえられた力は、その力に比例《ひれい》して慣性《かんせい》の動きを変化させるし、その変化の度合いを測定《そくてい》すれば、くわえられた力を知ることができると、ニュートンは述《の》べた。

ニュートンは、新しい力学《りきがく》の基本法則《きほんほうそく》を「3つの運動法則《うんどうほうそく》」としてあらわした。

第《だい》1法則《ほうそく》　外から力がくわえられないかぎり、静止している物体は静止しつづけ、等速度で直線運動しているものは等速直線運動をつづける。

第《だい》2法則《ほうそく》　物体に力がくわわるとき、物体には加速度が生じる。この加速度は、くわえた力の大きさに比例《ひれい》し、その物体の質量《しつりょう》に反比例《はんぴれい》する。

第《だい》3法則《ほうそく》　物体がほかの物体に作用するとき、かならず相手の物体から反作用(同じ大きさで反対方向に働く力)を受ける。

ケンブリッジ、トリニティー・カレッジのアイザック・ニュートンの部屋。

ニュートンは、この新しい概念《がいねん》を広範囲《こうはんい》の問題に応用《おうよう》した。「自由落下」や「衝突《しょうとつ》」の問題以外に、もっとずっとむずかしい問題——「抵《てい》抗《こう》」「波の動き」「流体力学《りゅうたいりきがく》」など——を解析《かいせき》した。3つの天体がたがいに引力《いんりょく》をおよぼしあいながらどのような軌道《きどう》をえがくかという問題、いわゆる「3体問題」にもとりくんだ。太陽と地球と惑星《わくせい》の問題は、さらに物体の数が多い、多体問題なのだ。ニュートンは、月による潮《しお》の満ち引きや、地球の回転軸《かいてんじく》が長い周期でふれることによる「**春分点歳差**《しゅんぶんてんさいさ》」について説明したし、赤《せき》道付近《どうふきん》で地球がふくらんでいることも予測《よそく》することができた。

ニュートンは、研究していくうちにデカルトの「渦動説《かどうせつ》」を完全に打ちくだいた。デカルト

重力の再発見《さいはっけん》（風刺《ふうし》マンガ）

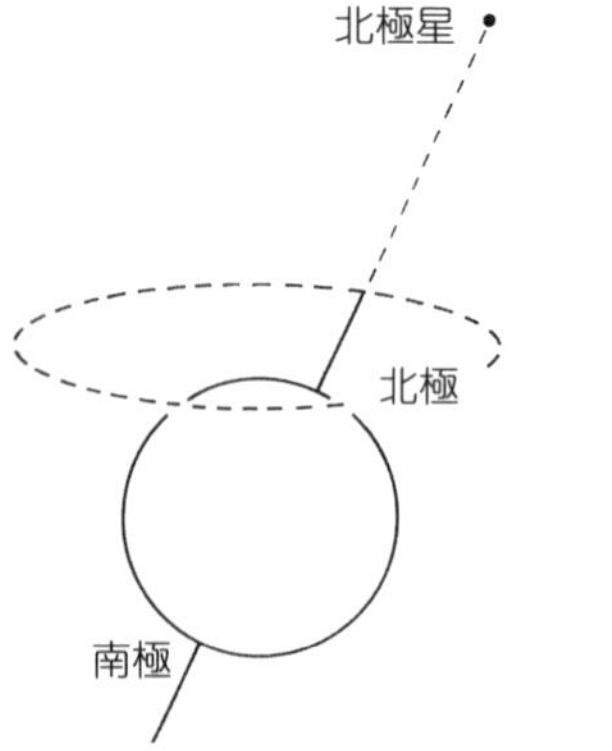

点線でしめした地球の自転軸《じてんじく》は、目印となる恒星《こうせい》（北極星）にたいする向きをゆっくり変えている（歳差《さいさ》運動《うんどう》。コラム「春分点歳差《しゅんぶんてんさいさ》」参照）。この動きは、約2万6000年で1回転する。

がその存在《そんざい》をとなえる「渦《うず》」はしだいに動きがおそくなり、しばらくすると、とまってしまうはずだ。それに、デカルトの「エーテル」では「引力《いんりょく》」を説明できないではないか。仮《かり》に、惑《わく》星《せい》のあいだの空間にエーテルなどなんらかの物《ぶっ》質《しつ》があったら、それが地球の空気程度《ていど》のうすいものだとしても、それによって木星の動く速さは30日で10分の1くらい落ちてしまうはずだ。宇宙《うちゅう》がエーテルで満たされているというデカルトの説とはぎゃくに、ニュートンは「宇宙《うちゅう》は空《から》っぽだ」と考えた。広大な広がりのなかにところどころ小さな物質《ぶっしつ》が散らばっているような、ほとんど空《から》っぽの空間だ。

こんなにすごい研究が、たったの2年間でな

春分点歳差《しゅんぶんてんさいさ》

「春分点《しゅんぶんてん》」とは、天の赤道《せきどう》（地球の赤道面《せきどうめん》を天球《てんきゅう》にまで延長《えんちょう》したもの）と黄道《こうどう》（太陽の通る軌道《きどう》）の交点にあたる、「春分の日の太陽の位置」である。地《ち》軸《じく》が歳差運動《さいさうんどう》するため、春分点《しゅんぶんてん》もそれにつれて移動し、その周期（1周してもとの場所にもどるまでの時間）は約2万6000年である。

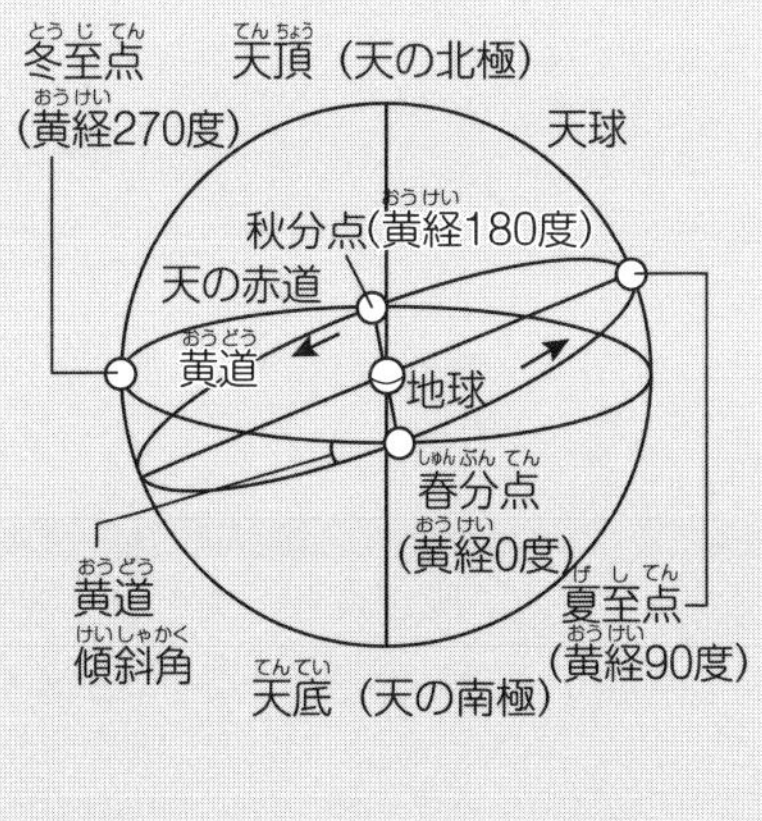

されたのだ。『プリンキピア』の原稿《げんこう》は、1686年4月に王立協会に提出《ていしゅつ》された。王立協会が出版費用《しゅっぱんひよう》を出せないと知ると、ハレーは自分が費用を負担《ふたん》してこの本を出版《しゅっぱん》することを決めた。経済的《けいざいてき》なあとおしをしただけではない。ハレーはまた、ロバート・フックが「ニュートンに逆《ぎゃく》2乗則《じょうそく》を盗用《とうよう》された」と息まいたとき、それをなだめることもした。

「哲学《てつがく》とは、訴訟好《そしょうず》きで無礼なご婦人《ふじん》のようなものだ。彼《かの》女《じょ》とうまくやるには、男も訴訟《そしょう》につきあわなくてはならない……」と、ニュートンは悲しげにいったという。ハレーは、ニュートンに『プリンキピア』の最重要部である「世界の体《たい》系《けい》について」という章を削除《さくじょ》させないよう説得するのにも苦労した。

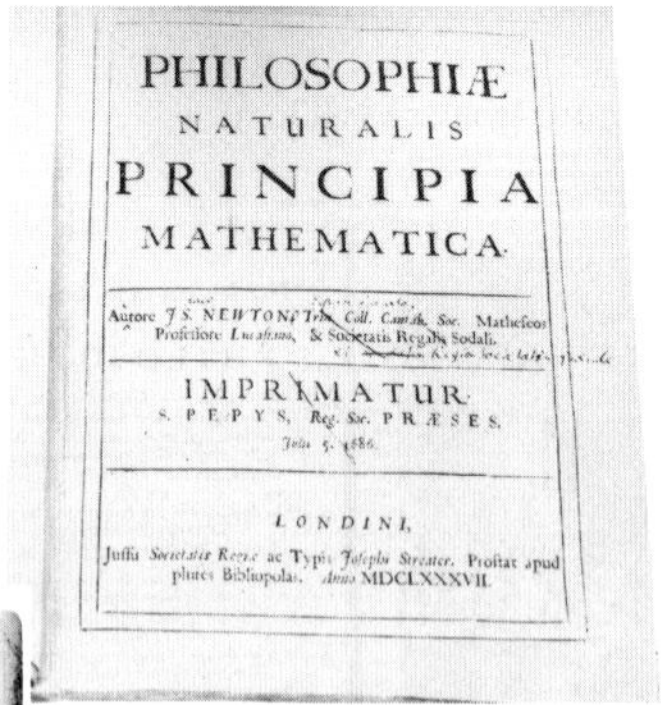

PHILOSOPHIÆ
NATURALIS
PRINCIPIA
MATHEMATICA.

Autore JS. NEWTON, Trin. Coll. Cantab. Soc. Matheseos Professore Lucasiano, & Societatis Regalis Sodali.

IMPRIMATUR.
S. PEPYS, Reg. Soc. PRÆSES.
Julii 5. 1686.

LONDINI,
Jussu Societatis Regiæ ac Typis Josephi Streater. Prostat apud plures Bibliopolas. Anno MDCLXXXVII.

1687年発行のニュートン著《ちょ》『プリンキピア』のとびら
執筆中《しっぴつちゅう》のニュートンをつねにはげましつづけたエドモンド・ハレーは、王立協会が出《しゅっ》版《ぱん》できないと知ると、自分のポケットマネーで出版《しゅっぱん》した。

『ニュートンの物理』の子ども版《ばん》。1761年にリリプシャン協会が出版《しゅっぱん》した。

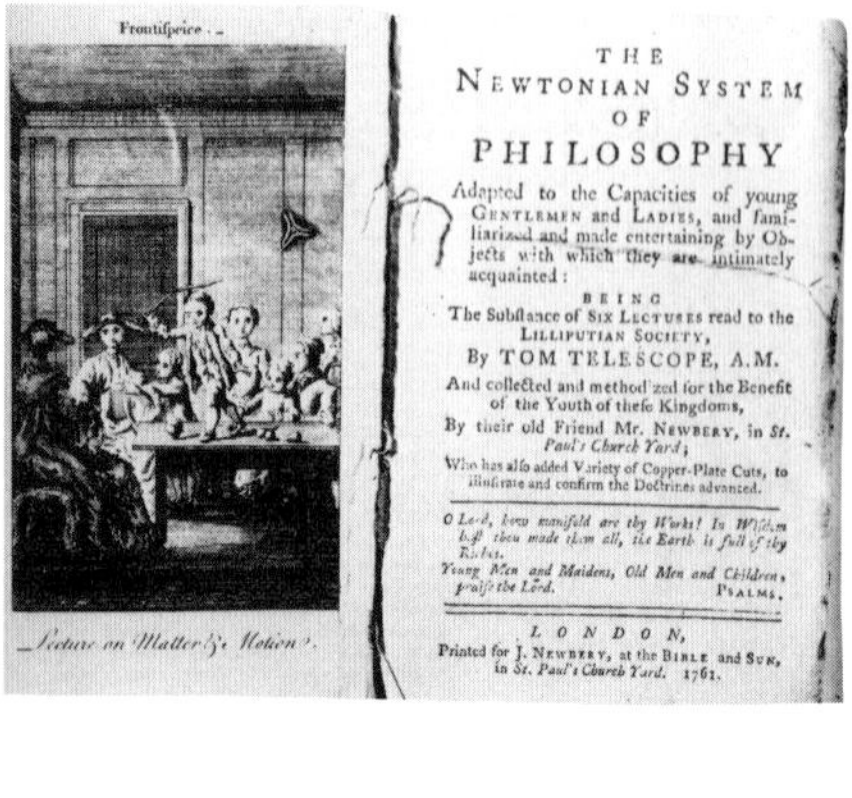

Frontispiece.

Lecture on Matter & Motion.

THE
NEWTONIAN SYSTEM
OF
PHILOSOPHY
Adapted to the Capacities of young GENTLEMEN and LADIES, and familiarized and made entertaining by Objects with which they are intimately acquainted:
BEING
The Substance of SIX LECTURES read to the LILLIPUTIAN SOCIETY,
By TOM TELESCOPE, A.M.
And collected and methodized for the Benefit of the Youth of these Kingdoms,
By their old Friend Mr. NEWBERY, in St. Paul's Church Yard;
Who has also added Variety of Copper-Plate Cuts, to illustrate and confirm the Doctrines advanced.

O Lord, how manifold are thy Works! In Wisdom hast thou made them all, the Earth is full of thy Riches.
Young Men and Maidens, Old Men and Children, praise the Lord. PSALMS.

LONDON,
Printed for J. NEWBERY, at the BIBLE and SUN, in St. Paul's Church Yard. 1761.

ニュートンの偉大《いだい》な研究は、1687年5月に出版《しゅっぱん》されるや大評判《だいひょうばん》になった。本の中心的な概念《がいねん》である「万有引力《ばんゆういんりょく》」に反対するデカルト学派《がくは》の人たちでさえ、その成果をじょじょにみとめていった。「自然」を数理学で解《と》きあかすという夢《ゆめ》は、ついに、しっかりと、土台をかためたのだ。

トリニティー・カレッジにあるニュートン像《ぞう》（ルビヤック作）。

6 栄光の人

『プリンキピア』が出版《しゅっぱん》されたとき、ニュートンは44歳《さい》だった。著作中《ちょさくちゅう》はものすごい集中ぶりだったと、ニュートンの秘書《ひしょ》兼《けん》アシスタントだったハンフリー・ニュートン（親戚《しんせき》ではない）は回想している。夜中の2時、3時以前に寝《ね》ることはほとんどなかったし、化学実験をはじめたら、明け方の5〜6時まで起きていることもざらだった。4〜5時間ねむると、すぐにまた仕事を再開《さいかい》する。絶《た》え間《ま》なく研究室を歩きまわっているところは、まるでアテネでアリストテレス学派《がくは》の教えを受けたのかと思うほどだった（アリストテレスは学園で教えるときに歩きまわりながら講義《こうぎ》をした）。ニュートンは、出された食事に手をつけないこともしばしばだった。めずらしく学寮《がくりょう》で食事をするようなときも、注意されないかぎり「はきつぶしたくつと、ぼさぼさの髪《かみ》」でむとんちゃくに出かけていった。

ニュートンがルーカス教授《きょうじゅ》（ケンブリッジ大学でもっとも権威《けんい》のある数学講座《すうがくこうざ》の教授《きょうじゅ》）

として講義《こうぎ》をする回数は少なく、聞きにくる人はあまりいなかった。かれは、だれもいない教室からひきあげてくることさえあった。１６８７年のはじめ、ニュートンはケンブリッジの副学長やそのほかの人たちといっしょにロンドンに行ったので、そのあいだは仕事を中断《ちゅうだん》しなければならなかった。

カトリックに改宗《かいしゅう》したジェームズ2世が2年間王位にあったときだ。とあるカトリックのベネディクト会修道士《しゅうどうし》に学位をさずけよという王の命令をケンブリッジ大学が拒絶《きょぜつ》したために、ニュートンら管理職《かんりしょく》の教授《きょうじゅ》たちは、悪名高いジョージ・ジェフリーズ裁判官《さいばんかん》から出頭するよう命じられた。ジェフリーズはケンブリッジ側の説明にはまったく耳を貸《か》さず、副学長は解雇《かいこ》された。翌《よく》１６８８年の11月、オレンジ公ウィリアム3世がイングランドに上陸してジェームズ王が追放されると、副学長は復職《ふくしょく》し、ニュートンは１６８９年から1年あまりにわたってケンブリッジ選出の国会議員をつとめた。

『プリンキピア』の執筆《しっぴつ》という大仕事《おおしごと》、個人的《こじんてき》なことや知的な生活でのストレスなどから、ニュートンは１６９３年には精神的《せいしんてき》にまいっていた。国会議員として議会に出席していたあいだの発言はたったひとこと、守衛《しゅえい》への「まどをあけてください」ということばだけだったという。しかし、ニュートンには影響力《えいきょうりょく》のある友人がいた。そのなかでもかつての

悪名高い高等裁判所長《こうとうさいばんしょちょう》のジョージ・ジェフリーズ（1648～1689年）。自分はカトリックではなかったが、イギリスをカトリックの国にしようというジェームズ2世の意のままに動いた。図は、1688年に、逃亡《とうぼう》した王につづき、ジェフリーズが船員に変装《へんそう》して逃《に》げようとしたところを、ワッピング（ロンドン東部のテムズ川《がわ》沿《ぞ》いの町）でとらえられた場面の版《はん》画《が》。

教え子のチャールズ・モンタギューは、急速に政界《せいかい》で頭角《とうかく》をあらわした人物だ。友人たちは最初、ニュートンを公職《こうしょく》につけようとしたがうまくいかなかった。その時期、ニュートンは故郷《こきょう》のグランサムにもどり、死《し》の床《とこ》にいる母親を献身的《けんしんてき》に介護《かいご》していた。聖書研究《せいしょけんきゅう》も再開《さいかい》したが、正統派《せいとうは》の三位一体論《さんみいったいろん》を批判《ひはん》する本を書いていたことはひたかくしにしようとした。以前は、これをどうしても匿名《とくめい》で、オランダで出版《しゅっぱん》したいと思っていたのだが……。

1693年、友人のピープスやロックは、ニュートンからきみょうな手紙を受けとってびっくりした。ピープスは、すぐケンブリッジにいる友人に手紙を書いて、ニュートンをたずねてみてほしいと依頼《いらい》する。ニュートンからの、混乱《こんらん》した、意味のわからない手紙を読んで、ひどく不安にかられたからだ。

「よりにもよって、あの方にそんなことが起こるなどとは思いもしませんでしたし、もしそうなら、たいへんなげかわしいことなのですが……」

さいわいニュートンはすぐに回復《かいふく》し、精神力《せいしんりょく》もむかしのとおり元気になった。

サミュエル・ピープス
(1633～1703年)
王立協会設立《せつりつ》メンバーのひとりで、ニュートンの友人。詳細《しょうさい》な日記で知られている。

1695年、ニュートンはケンブリッジを去り、財《ざい》務《む》大臣《だいじん》となっていたモンタギューが用意してくれた王《おう》立造幣局《りつぞうへいきょく》の監事《かんじ》の仕事についた。その仕事は、ひまにしていてもお金がもらえるようなものではなかった。モンタギューは、国中のコインをつくりなおすことを決めたのだ。当時、金貨・銀貨のニセ金《がね》づくりが広くおこなわれていて、それがイギリス通貨の価値《かち》を下げ、社会問題になっていた。ニセ金《がね》は集められて溶《と》かされ、ロンドン造幣局《ぞうへいきょく》やいくつかの支局《しきょく》で、まわりにギザギザの溝《みぞ》をつけて再発行《さいはっこう》された。ちょうどフランスと戦争をしているときでもあり、国会からはつねに反対意見も出ているなかで、たった2年間でこれだけの仕事をやりとげるのは、きわめてすぐれたリーダーシップがなければできなかっただろう。

モンタギューの所属《しょぞく》するホイッグ党《とう》はつぎの選挙で

貨幣《かへい》（コイン）の鋳造《ちゅうぞう》

ニュートンは、1695年に王立造幣局監事《おうりつぞうへいきょくかんじ》となり、1699年には造幣局長《ぞうへいきょくちょう》となった。

敗れたのだが、勝利したトーリー党《とう》はニュートンをそのまま造幣局《ぞうへいきょく》の職《しょく》にとどめ、1699年には造幣局《ぞうへいきょく》長《ちょう》に任命《にんめい》した。

ニュートンは1690年の選挙で国会議員の席をなくしたが、ケンブリッジ選出議員として1701年に再選《さいせん》された。2年後には王立協会の会長にも選出された。そして、その後の25年間、生涯《しょうがい》を通じて毎年、会長に再選《さいせん》されつづけた。

コインの改鋳《かいちゅう》でいそがしかったころ、ニュートンは王室天文官《おうしつてんもんかん》（イギリスの王室直属《ちょくぞく》の上級官《じょうきゅうかん》）のジョン・フラムスティードに手紙を送り、フラムスティードが「ニュートンが月の運行に関する理論《りろん》を改訂《かいてい》して近々発表する」といううわさを流したとして非難《ひなん》した。「わたしは、数学のことをわからない連中《れんちゅう》にイライラさせられたくないし、われわれの国民に、こんなこと

ロンドンのフリート街クレインコートにある王立協会での会合。ニュートンが会長をつとめていた。

で時間を浪費《ろうひ》していると思われたくもない。わたしは王の仕事をしているのです」と、かれは書き送っている。しかし、ニュートンは科学に背《せ》をむけることはなかった。１７０４年には『光学《こうがく》』が刊行《かんこう》された。専門的で数学的だった『プリンキピア』にくらべると、ずっとわかりやすい内容《ないよう》だ。ニュートンは『プリンキピア』の改訂《かいてい》にも力をそそぎ、若《わか》い数学者の編集《へんしゅう》で第２、第３版《はん》までの改《かい》訂《てい》をおこなった。

ケンブリッジでのニュートンの助手は、ニュートンの笑い声をたった一度しか聞いたことがないという。それは、だれかがユークリッド幾何学《きかがく》を勉強するとなにかいいことがあるのかとたずねたときだった。ロンドンですごした時代は、もう少し愛想《あいそ》がよく快活《かいかつ》になり、笑うまではいかなくて

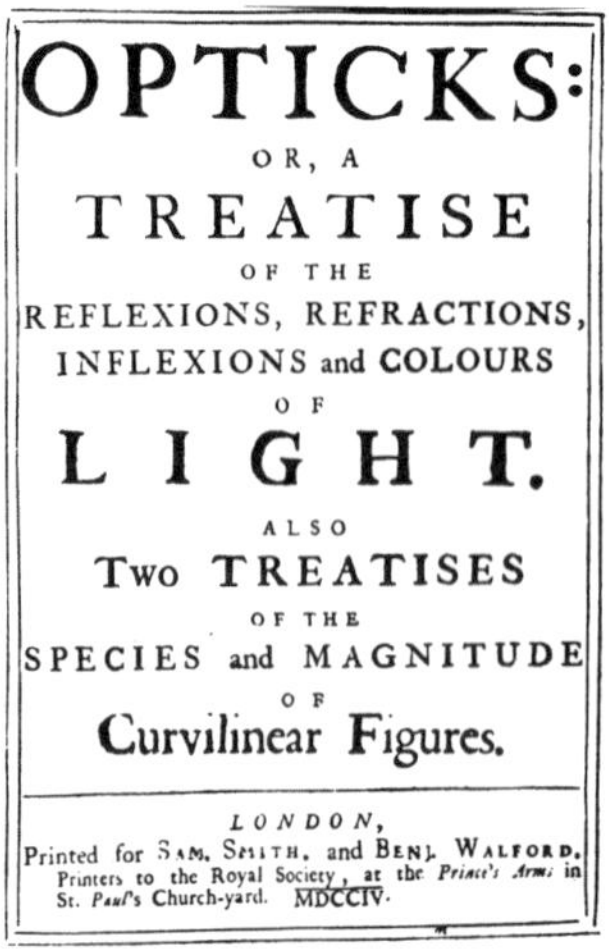
OPTICKS:
OR, A
TREATISE
OF THE
REFLEXIONS, REFRACTIONS,
INFLEXIONS and COLOURS
OF
LIGHT.
ALSO
Two TREATISES
OF THE
SPECIES and MAGNITUDE
OF
Curvilinear Figures.

LONDON,
Printed for SAM. SMITH, and BENJ. WALFORD,
Printers to the Royal Society, at the Prince's Arms in
St. Paul's Church-yard. MDCCIV.

ひじょうにわかりやすい、光に関するニュートンの著書《ちょしょ》『光学《こうがく》』のとびら（1704年発行）。

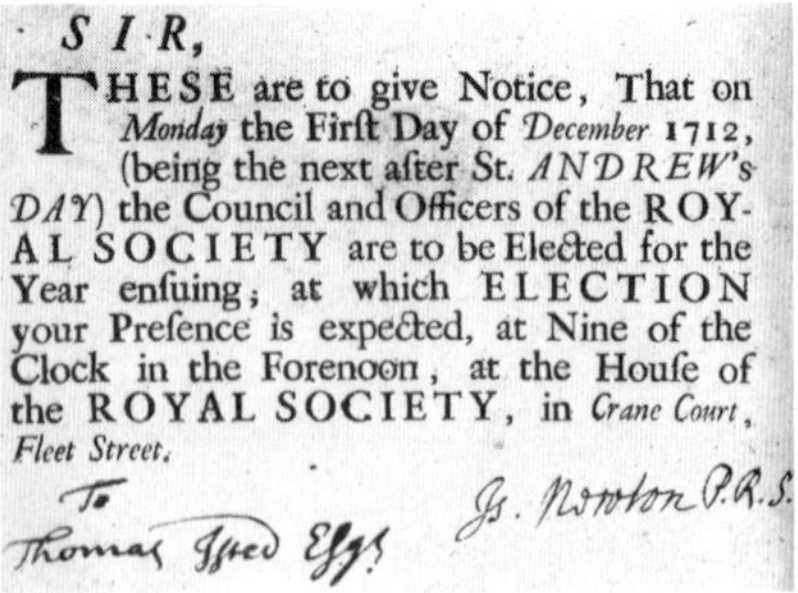
SIR,
THESE are to give Notice, That on Monday the First Day of December 1712, (being the next after St. ANDREW's DAY) the Council and Officers of the ROYAL SOCIETY are to be Elected for the Year ensuing; at which ELECTION your Presence is expected, at Nine of the Clock in the Forenoon, at the House of the ROYAL SOCIETY, in Crane Court, Fleet Street.

1712年の王立協会の選挙公報《せんきょこうほう》。会長ニュートンの署名《しょめい》が入っている。

もよく笑顔は見せたようだ。若《わか》い友人をはげますのは、ニュートンの魅力的《みりょくてき》な一面だった。しかし、明らかにそれ以外の面ももっていた。

ジョン・ロックはニュートンをひじょうに尊敬《そんけい》していたが、そのかれでさえ、友人にニュートンのことを「根拠《こんきょ》もないのにすぐに人をうたがう」といっている。ニュートンと確執《かくしつ》のあったフラムスティードは、「陰険《いんけん》で、野心家《やしんか》で、ひどく名誉《めいよ》欲《よく》が強いうえに、短気な男」だと、ニュートンについて述《の》べている。フラムスティードがここまでこきおろすには理由があった。フラムスティードが生涯《しょうがい》をかけた天文《てんもん》の研究成果を出版《しゅっぱん》しようとしたところ、意見の不一致《ふいっち》でニュートンをおこらせてしまい、ニュートンに出版《しゅっぱん》を阻止《そし》されてしまったのだ。けっきょくこの本は、フラムスティード

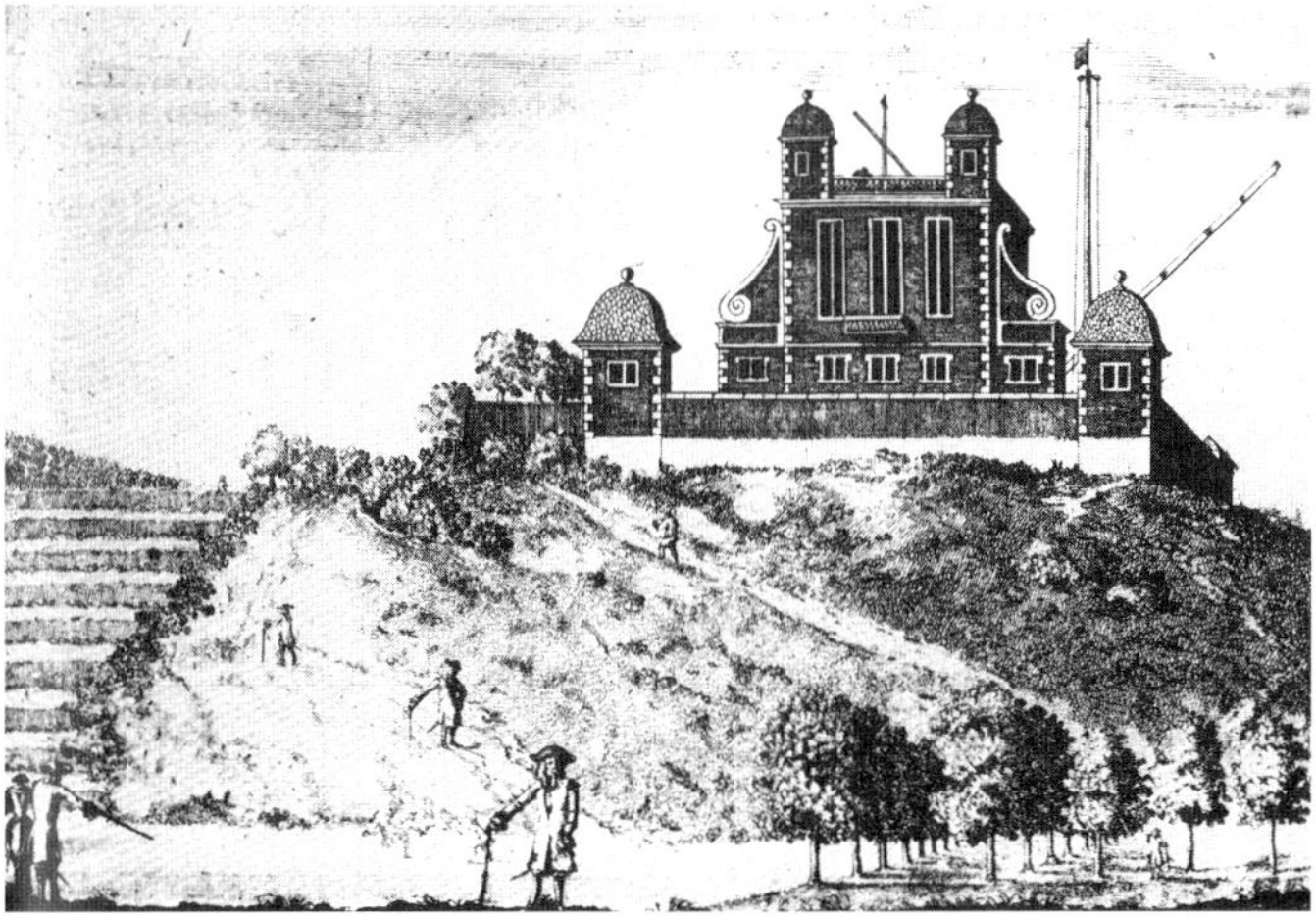

フラムスティード・ハウス
1676年に、初代王室天文官《おうしつてんもんかん》フラムスティードのために王立天体観測所《おうりつてんたいかんそくしょ》として建てられた。

が亡《な》くなってから、かれの妻《つま》が出版《しゅっぱん》した。

ドイツの偉大《いだい》な哲学者《てつがくしゃ》・科学者のライプニッツもまた、ニュートンの怒《いか》りの標的になったひとりだ。一時はニュートンも、ライプニッツと自分は同時にそれぞれ独自《どくじ》に微分積分《びぶんせきぶん》法《ほう》を発見したとみとめていた。しかし、ライプニッツのふるまいには非難《ひなん》される余地《よち》があったのかもしれない。まわりの人がその研究をどちらが先におこなったかという優先権論《ゆうせんけんろん》争《そう》をあおったので、ライプニッツの要請《ようせい》で王立協会につくられた表向きは中立な審査委員《しんさいいん》会《かい》をニュートンが影《かげ》であやつり、けっきょくライプニッツは、ニュートンの発見を盗用《とうよう》したという汚名《おめい》を着せられてしまった。

最晩年《さいばんねん》には、ニュートンは馬車や椅子《いす》かご

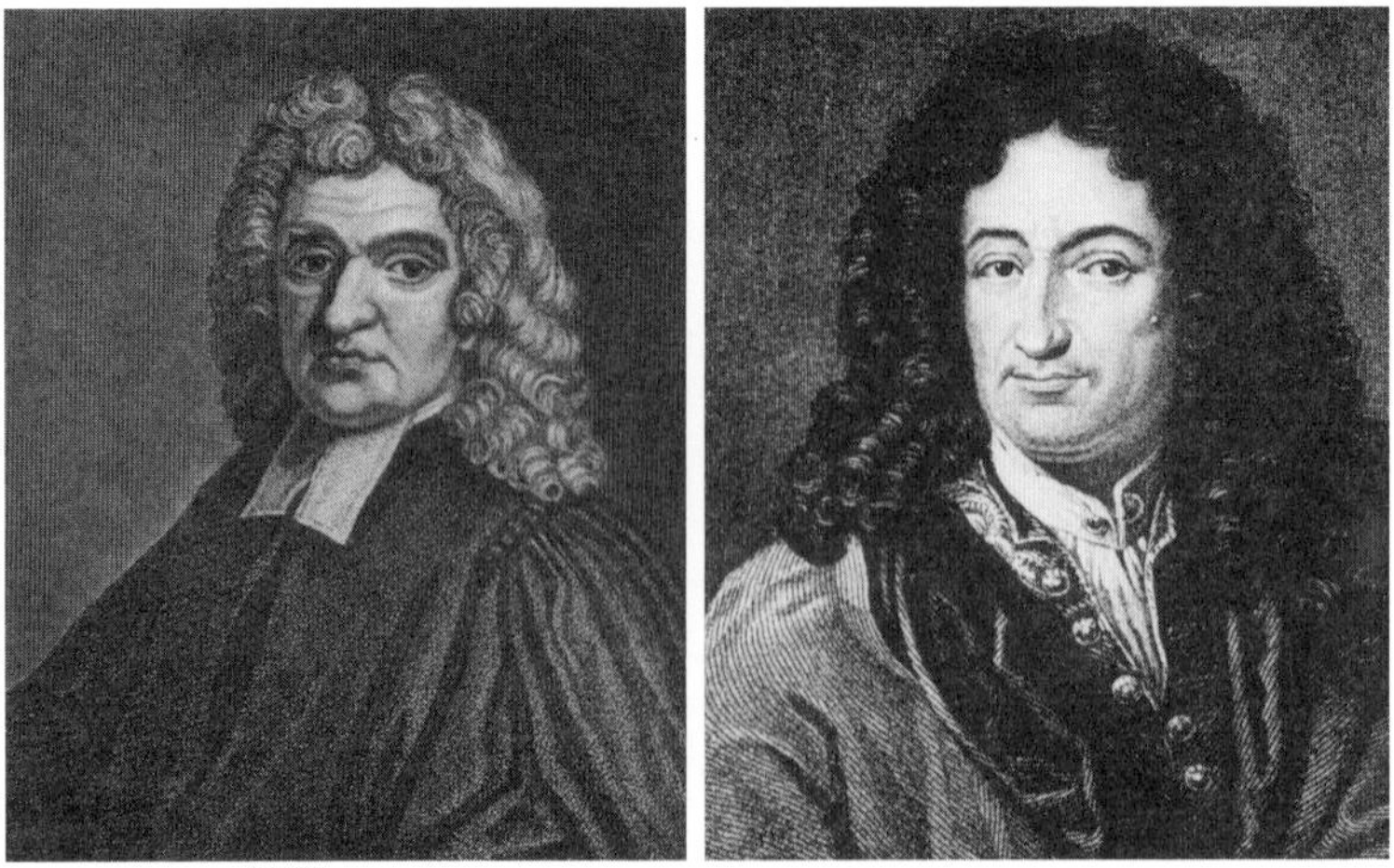

ニュートンの逆鱗《げきりん》にふれたふたり、ジョン・フラムスティード（左、1649〜1719年）と、ゴットフリート・ヴィルヘルム・ライプニッツ（右、1646〜1716年）。王室天文官《おうしつてんもんかん》フラムスティードのさまざまな反対にいらだったニュートンは、フラムスティードが生涯《しょうがい》をかけて研究した書物を出版《しゅっぱん》しようとしたときにじゃまをした。ライプニッツは、微分積分法《びぶんせきぶんほう》の発見の先取権《せんしゅけん》を争ったライバル。

（ふたりが前後の棒《ぼう》をもって運ぶ、洋風の輿《こし》）でつれていってもらいながら、会長として王立協会の会合に出席しつづけた。敵対《てきたい》していたフック、フラムスティードやライプニッツなどは、みなニュートンより先に亡《な》くなっていた。デカルトの母国《ぼこく》フランスでも、フランソワ・アルエ・ボルテールなど第一線の若《わか》い哲学者《てつがくしゃ》は、科学の世界からデカルトの渦動説《かどうせつ》を排除《はいじょ》し、ニュートンの空《から》っぽの宇宙《うちゅう》と万有《ばんゆう》引力《いんりょく》こそすべてだと考えるようになっていた。

ロックとニュートンは、啓蒙思想《けいもうしそう》として知られている大きな思想運動のシンボルのような存在《そんざい》となった。ただし、ニュートンの死後しばらくした18世紀の終わりごろの「ロマン主義運動《しゅぎうんどう》」が起きるころになると、「合理主《ごうりしゅ》

リンカンシャー州グランサムでのニュートン像《ぞう》の除幕式《じょまくしき》（1858年）。

義《ぎ》の時代」に反発するようになり、ニュートンのことはどうしても「考えがせまく、冷たい合理主義《ごうりしゅぎ》」の象徴《しょうちょう》とみなされるようになってしまう。ロマン主義者《しゅぎしゃ》にとっては、世界を理解《りかい》するうえで、深い感情《かんじょう》や生きることのなぞのほうが運動の数学的解析《すうがくてきかいせき》よりも大切だったためだ。

啓蒙主義《けいもうしゅぎ》と**ロマン主義《しゅぎ》**のどちらも、ニュートンを正確《せいかく》に評価《ひょうか》しているとはいえない。詩人ウィリアム・ワーズワースはニュートンのことを「〝見知らぬ思考の海〟を旅する人」と歌った。しかし、科学に革新《かくしん》をもたらした人の多くがそうであったようにニュートンも、「未来」をさししめすと同時に「過去《かこ》」をもふりかえる人であった。かれの宗教的《しゅうきょうてき》な基盤《きばん》は、原理主義《げんりしゅぎ》のプロテスタントであり「聖書《せいしょ》に書きしるされていることはすべて、疑《うたが》いもなく正しい」とする宗派《しゅうは》であったし、ニュートンが長年聖書《せいしょ》研究《けんきゅう》をつづけたのも、預言書《よげんしょ》が古代の歴史をきわめ

啓蒙主義《けいもうしゅぎ》・ロマン主義《しゅぎ》

「啓蒙主義《けいもうしゅぎ》」は、過去《かこ》の封建的《ほうけんてき》な社会、キリスト教の権威《けんい》や、非合理的《ひごうりてき》な（理屈《りくつ》に合わない）ものを否定《ひてい》し、科学的な秩序《ちつじょ》や、合理的な（理屈《りくつ》に合う）考えかたを良しとした。物事を合理的に考え、身のまわりの進歩や改善《かいぜん》をめざしたので、科学もおおいに注目された。啓蒙《けいもう》の「啓《けい》」は「ひらく」、「蒙《もう》」は「暗い」という意味なので、啓蒙《けいもう》とは、「暗闇《くらやみ》を明るくひらく」という意味だ。一方《いっぽう》、「ロマン主義《しゅぎ》」は、合理的な考えよりも、自由で情緒的《じょうちょてき》な表現《ひょうげん》を尊重《そんちょう》した。

て正確《せいかく》にくわしく預言《よげん》しているということを証明《しょうめい》するためだったのだ。また、かれは自分の科学的な先《せん》取権《しゅけん》を守ることにも熱心だったが、そのさいちゅうでも、「**天球《てんきゅう》の音楽**のなかには万有引力《ばんゆういんりょく》がかくされていて、ピタゴラスはそのなぞを解《と》いていた」という証拠《しょうこ》を『プリンキピア』の第2版《はん》で明らかにしようと、本気で考えていた。さらに、錬金術《れんきんじゅつ》の世界に没頭《ぼっとう》し、かれ自身の研究が破壊《はかい》したはずの、そしてロマン主義者《しゅぎしゃ》がもどろうとしている「古い考えかた」にも、しがみついていたのだ。

1722年ごろになると、ニュートンは健康の悪化に悩《なや》まされるようになった。1725年には、少しでもきれいな田園の空気をすいたいという思いから、ピカデリーのジェルミン街にある自宅《じたく》からケン

天球《てんきゅう》の音楽

ピタゴラスは、恒星《こうせい》以外の星（太陽、月と、当時知られていた5つの惑星《わくせい》）は回転しながらそれぞれ固有の音を発し、全体として和音を奏《かな》でているとして、これを「天球《てんきゅう》の音楽」とよんだ。この考えかたを受けついで、プラトン、プトレマイオス、ケプラーなどが、宇宙創成《うちゅうそうせい》や宇《う》宙《ちゅう》の構造《こうぞう》、天体の運行などを、音階や音のハーモニーで解釈《かいしゃく》しようとした。

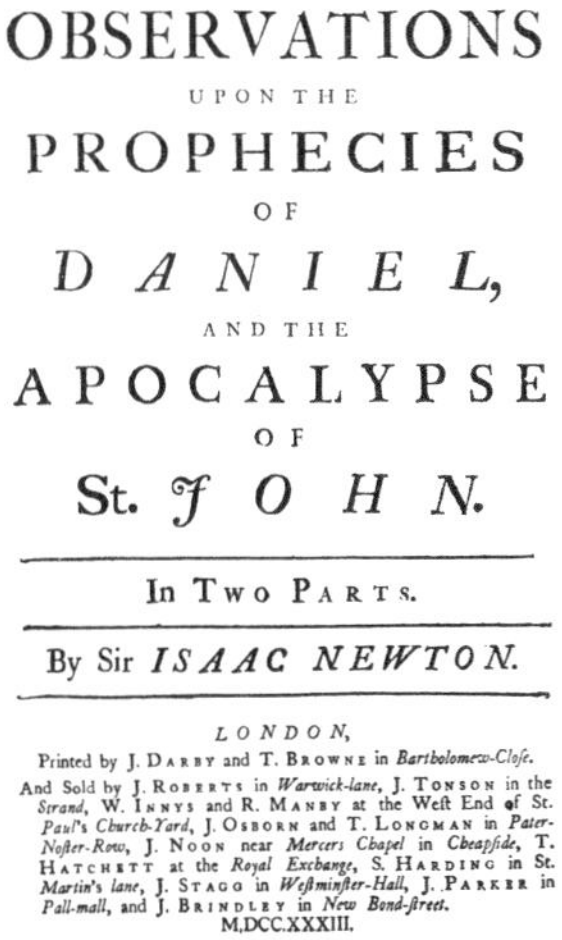
OBSERVATIONS
UPON THE
PROPHECIES
OF
DANIEL,
AND THE
APOCALYPSE
OF
St. *JOHN.*

In Two Parts.

By Sir *ISAAC NEWTON.*

LONDON,
Printed by J. Darby and T. Browne in *Bartholomew-Close.*
And Sold by J. Roberts in *Warwick-lane,* J. Tonson in the *Strand,* W. Innys and R. Manby at the West End of St. *Paul's Church-Yard,* J. Osborn and T. Longman in *Pater-Noster-Row,* J. Noon near *Mercers Chapel* in *Cheapside,* T. Hatchett at the *Royal Exchange,* S. Harding in St. *Martin's lane,* J. Stagg in *Westminster-Hall,* J. Parker in *Pall-mall,* and J. Brindley in *New Bond-street.*
M,DCC.XXXIII.

ニュートンの神学《しんがく》研究の本のとびら。

ニュートンが1725年にひっこしたケンジントンの家。

ジントンにひっこした。おかげで体調は上向き、その年の2月にはロンドンに出かけていって王立協会の会議の座長《ざちょう》をした。しかし、ニュートンが死《し》の床《とこ》につくことになるのはその後すぐのことで、3月18日には意識《いしき》がなくなり、20日早朝に亡《な》くなった。84歳《さい》だった。葬儀《そうぎ》はウェストミンスター寺院で盛大《せいだい》にとりおこなわれ、埋葬《まいそう》された。1731年には墓《ぼ》碑《ひ》に「人類にこのようなすぐれた光彩《こうさい》がそえられたということは至上《しじょう》のよろこびである」ときざまれた。

ニュートンの世界体系《せかいたいけい》は、18、19世紀の科学者たちによって完成され、不朽《ふきゅう》の業績《ぎょうせき》とみられていたものの、20世紀に入るとアルベルト・アインシュタインがより総合的《そうごうてき》な世界《せかい》体系《たいけい》を打ちたて、「ニュートンの世界は、そのうちの特殊《とくしゅ》な場合である」とした。しかし、もちろんニュートン自身もあらゆる物理理論《ぶつりりろん》をこえる理解《りかい》を追いもとめていた人である。「世間《せけん》の人にどう見られているかは知らない。だが、自分では海辺で遊ぶ子どものようなものだと思っている。ときにはまわりのものよりなめらかな小石やきれいな貝がらを見つけてよろこぶこともある。しかし、目のまえにはまだまだ発見されていない〝真理〟という大海原《おおうなばら》が、横たわっているのだ」

ニュートンのデスマスク

デスマスクとは、石《せっ》こうやロウで死者の顔の型をとったもの。写真がなかった時代に、人の顔を保存《ほぞん》したり、肖像画《しょうぞうが》をかくための資料《しりょう》にしたりする方法のひとつだった。17世紀の欧米《おうべい》ではごく一般的《いっぱんてき》に広まっていて、多くの著名人《ちょめいじん》のデスマスクが保存《ほぞん》されている。

ニュートン略年表《りゃくねんぴょう》

1642年	クリスマスの日（12月25日）に、リンカンシャー州ウールスソープで生まれる
1654年	グランサムの王立学校へ入学。町の薬屋に下宿《げしゅく》する
1656年	農場を継《つ》ぐよう、ウールスソープへよびもどされる
1660年	ケンブリッジ大学入学にそなえ、ふたたびグランサムへ
1661年	ケンブリッジ大学トリニティー・カレッジへ、準免費生《じゅんめんぴせい》として入学
1665年	学士号を取得。ペストが流行したのでウールスソープへもどる
1666年	短期間ケンブリッジを訪問《ほうもん》
1667年	ふたたびケンブリッジへ通学。修士号《しゅうしごう》を取得
1668年	トリニティー・カレッジのシニア・フェローになる
1669年	バローの後任《こうにん》として、ルーカス講座《こうざ》の数学教授《すうがくきょうじゅ》になる

1671年	王立協会へ反射望遠鏡《はんしゃぼうえんきょう》を贈《おく》る
1672年	王立協会へ、光と色についての新しい論文《ろんぶん》を送る。王立協会会員に選ばれる
1674年	ルーカス講座《こうざ》の教授《きょうじゅ》をつとめているあいだは、聖職《せいしょく》につかなくても大学のフェローの地位をみとめるという特権《とっけん》を得る
1679年	フックからの手紙により、力学《りきがく》への興味《きょうみ》が復活《ふっかつ》する
1684年	ニュートンを訪問《ほうもん》したハレーに、楕円《だえん》軌道《きどう》の逆《ぎゃく》2乗則《じょうそく》を証明《しょうめい》すると約束
1686年	ハレーの資金《しきん》で『自然哲学《しぜんてつがく》の数学的諸原理《すうがくてきしょげんり》（プリンキピア）』第《だい》1巻《かん》の印刷がはじまる
1687年	3月と4月に、第《だい》2巻《かん》と第《だい》3巻《かん》が王立協会にとどき、7月には『プリンキピア』が完成し、出版《しゅっぱん》される
1696年	ロンドンの王立造幣局《おうりつぞうへいきょく》の監事《かんじ》に任命《にんめい》され、貨幣《かへい》の再鋳造《さいちゅうぞう》にたずさわる
1699年	造幣局長《ぞうへいきょくちょう》になる
1701年	ルーカス講座《こうざ》の教授《きょうじゅ》を辞任《じにん》

1703年	王立協会の会長になる
1704年	『光学《こうがく》』を出版《しゅっぱん》
1705年	ケンブリッジにて、アン女王よりナイトの称号《しょうごう》をさずけられる
1713年	ニュートンとライプニッツのあいだで起きた微積分学《びせきぶんがく》の優先権争《ゆうせんけんあらそ》いのことを、王立協会の委員会が公表 『プリンキピア』第《だい》2版《はん》を出版《しゅっぱん》
1724年	ピカデリーからケンジントン村へひっこす
1726年	『プリンキピア』第《だい》3版《はん》を出版《しゅっぱん》
1727年	84歳《さい》にて死去。ウェストミンスター寺院に葬《ほうむ》られる

ま

や

ら

わ

さ

た

索《さく》 引《いん》

太数字は、キャプション

作者—P・M・ラッタンシ（P. M. Rattansi）
1930年10月ケニア生まれ。1951年にイギリスに渡り、1965年ロンドン経済大学で経済学学士を取得。1961年　同大学で哲学の博士号を取得。1967年にはケンブリッジ大学で芸術の修士号も取得。ケニアのナイロビで、イギリスの新聞「ニューズ・クロニクル」の記者をつとめた後、イギリスのリーズ大学、キングス・カレッジ、ケンブリッジ大学などで科学史を教える。1991年から1992年には、英国科学振興協会で、科学史部門の座長をつとめた。

訳者—原田佐和子（はらだ・さわこ）

日本女子大学家政学部化学科卒業。同大学院食物学科修士課程修了。科学読物研究会会員。小学生対象の「サイエンスくらぶ」などで、科学あそびをしている。訳書に『天文学』『は虫類のこと』（ともに玉川大学出版部）、『酸素の物語』（大月書店）、共著に『変身のなぞ』（玉川大学出版部）など。

装画：小平彩見
装丁：中浜小織（annes studio）
協力：河尻理華

編集・制作：株式会社 本作り空 Sola

世界《せかい》の伝記《でんき》 科学《かがく》のパイオニア

ニュートンと万有引力《ばんゆういんりょく》

2016年5月10日　初版第1刷発行

作　者———P・M・ラッタンシ
訳　者———原田佐和子
発行者———小原芳明
発行所———玉川大学出版部
〒194-8610　東京都町田市玉川学園6-1-1
TEL 042-739-8935　FAX 042-739-8940
http://www.tamagawa.jp/up/
振替：00180-7-26665
編集　森　貴志

印刷・製本——図書印刷株式会社

乱丁・落丁本はお取り替えいたします。

ISBN978-4-472-05967-4　C8323 / NDC289